O QUE DEUS MAIS FAZ

O QUE DEUS MAIS FAZ

Experimentando

o amor do Pai

em todos

os

lugares

SAVANNAH GUTHRIE

Copyright © 2024 , Savannah Guthrie. Todos os direitos reservados.

Copyright da tradução © 2025, de Vida Melhor Editora LTDA. Todos os direitos reservados.

Título original: *Mostly what God does*

Todos os direitos desta publicação são reservados à Vida Melhor Editora Ltda. Nenhuma parte desta obra pode ser apropriada e estocada em sistema de banco de dados ou processo similar, em qualquer forma ou meio, seja eletrônico, de fotocópia, gravação etc., sem a permissão dos detentores do copyright.

As citações bíblicas são da Nova Versão Internacional (NVI), da Bíblica, Inc., a menos que seja especificada uma outra versão da Bíblia Sagrada.

PRODUÇÃO EDITORIAL	Gisele Romão da Cruz
TRADUÇÃO	Maria Emília de Oliveira
COPIDESQUE	Josemar de Souza Pinto
REVISÃO	Emanuelle G. Malecka
	Bruna Gomes Ribeiro
ADAPTAÇÃO DE CAPA	Rafael Brum
DIAGRAMAÇÃO	Patrícia Lino

Dados Internacionais de Catalogação na Publicação (CIP)
(BENITEZ Catalogação Ass. Editorial, MS, Brasil)

G984q
1. ed.

Guthrie, Savannah

O que Deus mais faz : Experimentando o amor do Pai em todos os lugares / Savannah Guthrie ; tradução Maria Emília de Oliveira. – 1.ed. – Rio de Janeiro : Thomas Nelson Brasil, 2025.

304 p. ; 13,5 x 20,8 cm.

Título original: Mostly what God does: reflections on seeking and finding his love everywhere.

ISBN 978-65-5217-229-7

1. Bíblia – Estudos. 2. Escrituras cristãs. Cristianismo. 3. Fé(Cristianismo). 4. Literatura devocional. 5. Palavra de Deus. 6. Vida cristã. I. Oliveira, Maria Emília de. II. Título.

05-2025/19   CDD-242

Índice para catálogo sistemático:
1. Literatura devocional : Cristianismo   242

Bibliotecária responsável:
Aline Graziele Benitez – Bibliotecária - CRB-1/3129

Os pontos de vista desta obra são de responsabilidade de seus autores e colaboradores diretos, não refletindo necessariamente a posição da Thomas Nelson Brasil, da HarperCollins Christian Publishing ou de suas equipes editoriais.

Thomas Nelson Brasil é uma marca licenciada à Vida Melhor Editora LTDA. Todos os direitos reservados à Vida Melhor Editora LTDA.

Rua da Quitanda, 86, sala 601A - Centro,
Rio de Janeiro/RJ - CEP 20091-005
Tel.: (21) 3175-1030
www.thomasnelson.com.br

Para Vale e Charley.

SUMÁRIO

Prefácio

PRIMEIRA PARTE: AMOR

1.	Todo o meu amor	03
2.	Cursores piscando	13
3.	O mandamento extra	19
4.	Como uma mãe	27
5.	Você está encharcado dele	37

SEGUNDA PARTE: PRESENÇA

6.	Tempo verbal presente	49
7.	O número do telefone de Deus	53
8.	Ele fala a nossa língua	59
9.	Estreita proximidade com Deus	71
10.	Orando quando não conseguimos orar	77
11.	O salmo 23	83
12.	Um lindo dia na vizinhança	95

TERCEIRA PARTE: LOUVOR

13.	Manto de louvor	103
14.	Mude o foco do seu olhar	113
15.	Desligamento	123
16.	A fé é linda (ou O formato da fé)	135

QUARTA PARTE: GRAÇA

17. Descendo o rio 151
18. Nunca mudaste 159
19. Pecado e abominação 167
20. Ele se reclinou 175
21. Tem misericórdia de mim 183

QUINTA PARTE: ESPERANÇA

22. Jesus respondeu 193
23. O aviso noturno 201
24. Um ato de Deus 209
25. E quanto a Jó? 217
26. Quero ir para casa 223

SEXTA PARTE: PROPÓSITO

27. A fragrância do evangelho 231
28. O que mais (podemos) fazer 239
29. Formatura 249
30. Comunhão 261
31. A última palavra 271

Agradecimentos 281
Notas 283
Sobre a autora 289

PREFÁCIO

vante.[1] Uma palavra que expressa determinação. É assim que ela me motiva a escrever um livro, bom, sobre qualquer assunto, menos fé. Significa... vá em frente. Palavra um pouco ousada, um pouco audaciosa, um pouco assustadora, um pouco intimidadora.

No entanto, não é bem assim. "Prefácios são escritos no início do livro por alguém que não seja o autor", meu editor me informa delicadamente — e o elimina.

Ora! Não escreva o prefácio do seu livro! Pelo menos se você sabe o que está fazendo.

Tudo bem. Avante.

Em Washington, D.C., onde moro e trabalho como repórter há muitos anos, você pode ouvir uma piada antiga, uma frase engraçada, no final de uma longa audiência no Congresso ou em um daqueles jantares políticos do tipo "apertem as mãos e sorriam", marcados por frango no avião e copos e mais copos de acelga muito doce. A tarde é longa, a energia diminui. O longo dia vai se transformando em uma noite mais comprida, bem depois da hora de dormir em uma cidade que *deseja* dormir. Ainda assim, um após outro, eles continuam, orador após orador, discurso monótono após discurso monótono. Na capital do país, aquele que tem a chance de subir à tribuna ou ao pódio não a descarta. E usa cada milésimo de segundo que lhe é permitido, mesmo que o público esteja cada vez mais inquieto ou hostil.

De repente, você consegue ouvir. O pobre coitado escalado para ser o último a falar vai até o microfone e, fingindo segurança, diz com uma risadinha: "Bom, tudo já foi dito, mas ninguém disse uma coisa". Gargalhadas. Gargalhadas e mais gargalhadas aflitas — e seguem os comentários preparados, mas não abreviados.

A frase volta-me à memória quando dou início a este projeto. Tudo já foi dito a respeito de fé, mas eu não disse uma coisa. O que, então, posso acrescentar? O que posso dizer que já não foi expresso de forma melhor — com mais fluidez, mais profundidade, mais originalidade, mais persuasão? Que aptidões ou *expertise* eu possuo? Não sou especialista em religião nem autoridade em história, não falo nenhum idioma antigo, não cursei seminário (posso incluir escola bíblica de férias?). Não possuo nenhuma aptidão especial.

Na igreja, meu pastor sempre se desculpa quando conta uma história pessoal ou um caso pitoresco que ele sabe que a congregação já ouviu. "Sinto muito!", ele diz envergonhado. "Tenho só uma vida e é assim que eu sou!". De certa forma, eu sinto o mesmo. Tenho só uma vida e é assim que eu sou. Com certeza, não sirvo de exemplo para os outros nem sou um monumento de grande retidão ou fé. Sou apenas uma pessoa que sente o amor de Deus e é salva por esse amor, vezes e mais vezes.

Gosto de falar às pessoas do Deus que conheço. Daquele cuja mão repousa suavemente em meu ombro, cuja presença posso sentir ao meu lado e atrás de mim quando estou sob pressão. Daquele cuja persistência, às vezes, me dá um cutucão para eu ver a situação por outro ângulo, cuja paciência e ternura podem me convencer a mudar. Daquele que me surpreende e me encanta quando imagino sua criação e o belo potencial de sua humanidade. Daquele cujas revelações despertam meu intelecto e acendem minhas paixões e propósitos. Daquele que me comove com favor inesperado e generosidade imerecida. Daquele que me segura com firmeza e determinação, quando o peso de minhas decepções e reveses ameaça me esmagar.

Gosto de falar às pessoas daquele Deus que conheço. Contar aquela história — bom, como o político em um evento para arrecadar comida para os pobres, não vou deixar passar meu momento no microfone.

Quando comecei a pensar em escrever este livro, foi estranho, mas uma frase de minha infância me vinha à mente com persistência: *Seis peças fáceis*. Tratava-se da lembrança das aulas de piano, um conjunto de partituras antigas e amareladas pelo tempo de seis músicas clássicas, guardadas no banco do piano no meio de pilhas de livros e papéis. Por ser uma lembrança muito vaga, eu não tinha certeza se era verdadeira, se realmente existiu. *Seis peças fáceis*. Gostei da forma que soava. Acessível e intrigante ao mesmo tempo.

Uma pesquisa na internet confirmou minha lembrança das partituras. Mas, de repente, ao aprofundar em minhas pesquisas, fui parar no buraco do coelho de *Alice no país das maravilhas* e descobri algo mais:

> Gosto de falar às pessoas daquele Deus que conheço.

um livro famoso intitulado *Six Easy Pieces: Essentials of Physics Explained by Its Most Brilliant Teacher* [Seis peças fáceis: fundamentos da física explicados por seu professor mais brilhante].[2]

Ah, você não sabia? Não conhece os fundamentos da física explicados pelo seu professor mais brilhante? Talvez, como eu, você tenha deixado para trás os seus livros de ciências!

Isso me fez pensar. Quais são os fundamentos da fé? Se a fé pudesse ser fragmentada em seis peças fáceis, quais seriam os blocos para montá-la? Quais são os seis aspectos fundamentais de uma conexão com Deus? Estes foram os que descobri:

Amor

Presença

Louvor

Graça

Esperança

Propósito

Essas seis peças não tão fáceis são meu mapa rodoviário para este projeto: uma coleção de reflexões e uma espécie de manual espiritual. Nunca fiz isso antes e estou ao seu lado, caminhando com você. O desafio é para nós! Talvez você tenha muita fé, talvez tenha curiosidade a respeito da fé, talvez não tenha fé e continue marcado com cicatrizes de uma religiosidade tóxica do passado. Talvez você pense que comprou um estrondoso livro de memórias de um contador de histórias sobre jornalismo e direito (sinto muito!). Seja como for, venha como está.

Todas as noites, quando coloco meus filhos na cama, temos um ritual: banho, escovar os dentes, livro (pequenas discussões), rotina com as cobertas. Pouco antes de apagar a luz, meu marido ou eu deitamos ao lado deles. Oramos. Então, dizemos: "Trinta segundos... a partir de agora".

Trinta segundos de silêncio. Ficamos deitados juntos. Na melhor das hipóteses, as crianças pegam no sono, e eu saio de mansinho do quarto. Quase sempre, elas começam a tagarelar ("O que vamos fazer amanhã, mãe?"), e eu tenho de recomeçar os trinta segundos. A rotina, porém, tem o objetivo de proporcionar um ambiente tranquilo e simples de união entre nós. Trinta segundos de espaço. É o que estou imaginando para nós no final de cada experiência da jornada que faremos juntos.

Em minha opinião, este livro ficará ao lado de sua cama, para ser lido de manhã acompanhado de uma xícara de café ou talvez à noite, antes de você dormir. E... ele tem o objetivo de não ser lido. Após cada experiência, você encontrará uma página em branco. Não há necessidade de escrever nada nela (embora você possa, claro). A página está vazia para nos lembrar de meditar em qualquer assunto que nos tenha vindo ao pensamento.

Espaço em branco. Silêncio. Nada. É aí que Deus tem a maior oportunidade de fazer o que ele deseja.

(Caso você não saiba o que é, ele deseja se conectar conosco.)

Imagino também que este livro deve ser lido lentamente. Não de uma só vez. Uma experiência aqui e outra lá. Posso ver você lendo um capítulo, parando um pouco, pensando no assunto, lendo outro. Não é necessário começar no começo. Comece pelo fim; pule alguns trechos. Comece no meio e volte para o começo. Não há ordem correta. Enfim, você pode jogá-lo no chão, pegá-lo onde foi aberto e começar a ler. Não tenho a intenção de vigiar você. O livro é seu, você o comprou (obrigada!); faça com ele o que quiser. Apenas acho que será muito melhor se ele for lido lentamente ao longo do tempo.

Chega de preâmbulo. Obrigada por ter escolhido este livro e por confiar em mim. Não estou oferecendo nada, a não ser minha curiosidade e um coração acolhedor. Estou aberta ao que Deus possa estar me dizendo e possa querer que eu compartilhe com você. Estou pronta para ser surpreendida e ficar encantada. Deus não nos decepcionará.

Avante!

PRIMEIRA PARTE

AMOR

CAPÍTULO 1

TODO O MEU AMOR

Quando eu tinha 51 anos de idade, fiz minha primeira tatuagem. Nunca pensei que faria uma tatuagem; certamente não me considerava uma pessoa tatuada, fosse qual fosse o significado disso. E mais precisamente, durante a maior parte de minha vida, não senti nenhuma segurança para marcar meu corpo para sempre com uma tatuagem. Mesmo depois que tive filhos — com certeza, o amor humano mais profundo e interminável que posso imaginar —, nunca pensei em tatuar as iniciais deles no braço, no tornozelo, nas costas (ou pescoço) (ou rosto). Sou o tipo de pessoa que clica uma vez em um site de vendas e, em seguida, cancela rapidamente antes que a venda seja concluída.

E aqui estou eu, digitando com uma mão cujo braço exibe uma tatuagem.

Quatro palavrinhas: *Todo o meu amor*, uma cópia exata da letra de meu pai, decalcada de uma carta de amor que ele escreveu à minha mãe seis décadas atrás quando eram namorados. Minha mãe encontrou a carta quando meu filho nasceu. Eu estava determinada a dar a ele o nome de meu pai, que morreu de repente quando eu tinha 16 anos. O nome de meu pai era Charles, mas todos o chamavam de Charley. Ou seria Charlie? Por mais que tentasse, não consegui me lembrar de como o apelido era grafado. Ainda me lembro nitidamente de sua assinatura em cheques e documentos, mas minha lembrança era formal: *Charles E. Guthrie* ou, às vezes, *Chas. E. Guthrie*.

Ele nunca usava o apelido para assinar essas coisas.

A grafia do nome, portanto, foi um assunto de debate acalorado em minha família — e importante — porque eu planejava que meu segundo filho fosse chamado pelo apelido. Com a data do parto se aproximando, minha mãe encontrou a prova ao desentocar uma carta de uma caixa guardada no fundo do armário que, por um milagre, não foi atacada por nós quando éramos crianças ou jogada fora por ela em um de seus acessos de limpeza. Minha mãe não me revelou o conteúdo da carta, mas quando meu filho nasceu, ela mandou sobrepor a assinatura em uma foto de meu pai, e lá estava: *Todo o meu amor, Charley.*

Todo o meu amor. É uma ligação com meu pai e um mantra pessoal para dar uma olhada e viver de acordo com essas palavras — um modo de encarar a vida diária. No entanto, mais importante ainda, é um encapsulamento do que todos os meus anos de vida me ensinaram a respeito de fé. Todo o meu amor: imagine essas palavras proferidas pelo nosso Pai celestial. Para mim, é a descrição mais simples, mais direta de sua ambição para o nosso mundo e de suas intenções em relação a nós. Pode parecer algo descartável, um *slogan* superficial como um adesivo de para-choque ou um comentário na rede social — ou pior, uma despedida rápida quando se quer desligar o telefone ("amo você, tchau"). Tudo o que sei é que levei muito tempo, uma vida inteira de igreja e sem igreja, de fé e não muita fé, de buscar e falhar, de esperar e cair, de entender este conceito básico: o que Deus mais faz o tempo todo é nos amar.

Li essas palavras pela primeira vez em uma versão da Bíblia chamada A Mensagem. Um erudito chamado Eugene Peterson — um tanto audacioso — decidiu traduzir a Bíblia inteira, não apenas em inglês, mas... bom, em uma linguagem bem simples. Não usando exatamente uma linguagem popular, mas *usando* uma linguagem popular. Algo como uma linguagem elementar, fácil de entender, simples. A antiga versão King James da Bíblia, com pronomes tu e vós, e até as traduções modernas podem, às vezes, parecer remotas e de difícil compreensão. Peterson, porém, imaginou como Jesus falava — não em um dialeto elegante e culto, mas em uma linguagem comum, usada em conversas entre o povo de sua época. Ele parafraseou a Bíblia inteira dessa forma. O resultado é fascinante, provocante; às vezes belo e brilhante, às vezes decepcionante. Tenho recorrido a ela muitas vezes ao longo dos anos, como um meio de dar início a uma reflexão ou ver a Bíblia de uma nova maneira.

Foi assim que me deparei com uma versão reinventada destes famosos versículos de Efésios:

> Portanto, sejam imitadores de Deus, como filhos amados, e vivam em amor, como também Cristo nos amou e se entregou por nós como oferta e sacrifício de aroma agradável a Deus.
>
> Efésios 5:1-2

Belo e adorável, vagamente encorajador, ainda que de alguma forma distante e afastado. É assim que você costuma ouvir essa passagem na igreja ou entendê-la em um estudo bíblico. Mas o que li naquele dia em A Mensagem soou como um raio.

> Observem bem o que Deus faz, e façam o mesmo! Ajam como filhos que aprendem com os pais. E o que Deus faz é principalmente amar vocês.
>
> Efésios 5:1-2

A simplicidade das palavras e a naturalidade sem enfeites de sua verdade foram uma revelação.

Onde Deus está e o que ele está fazendo? O que Deus mais faz o tempo todo é amar você.

Como Deus se sente a meu respeito? O que Deus mais faz o tempo todo é amar você.

Que emprego devo aceitar? Onde devo morar? Com quem devo me casar? Devo perdoar

O que Deus mais faz o tempo todo é nos amar.

É muito fácil fundir as críticas de nossos pais, de nossa cultura ou de nossos autojulgamentos severos e atribuí-los subconscientemente a Deus — em especial quando estamos distantes de sua presença.

aquela pessoa? Mereço perdão? Sou superficial? Sou egoísta? Sou indigno de amor? Destruí minha vida? O que Deus pensa sobre as escolhas que fiz? O que Deus mais faz o tempo todo é amar você.

Essas simples palavras produziram uma reformulação radical do meu conceito de Deus. Elas tomaram conta de mim e se fixaram em meu coração.

É muito fácil fundir as críticas de nossos pais, de nossa cultura ou de nossos autojulgamentos severos e atribuí-los subconscientemente a Deus — em especial quando estamos distantes de sua presença. "Deus" pode assumir a figura nebulosa, ameaçadora e sempre irada de um pai que imaginamos estar sentado, nos julgando com desdém, esperando aplicar nosso castigo merecido.

Ou quando a vida é cruel, quando a perda chega, quando as decepções se avolumam. Quando o mundo em que habitamos parece um monumento à injustiça, à deslealdade e à arbitrariedade, é difícil acreditar que Deus está agindo, muito menos nos amando de maneira específica e significativa.

O que Deus mais faz o tempo todo é amar você. Crer nessa característica de Deus é a essência da fé: dar a Deus o benefício da dúvida em um mundo que convida ao cinismo e ao desespero. Eu sempre achei que crer em Deus não é realmente a parte difícil: crer que ele é bom e que está ativamente envolvido em nossa vida e no mundo, apesar de tanto sofrimento — essa é a parte difícil.

Deus não exige que menosprezemos ou disfarcemos as tristezas que enfrentamos ou a injustiça que vemos, mas que acreditemos que existe algo além delas. Que acreditemos que ele está presente, que suas intenções em relação a nós são boas, que está sempre disposto a oferecer perdão e reconciliação. Que as dores deste mundo não fazem parte de seu plano original e que não será esse o final da história. Isso se chama fé.

Tenho um relacionamento com Deus desde menina; não me lembro de uma época em que ele não esteve presente em minha consciência. Minha primeira infância girou em torno da igreja, com escola dominical, ensaios do coral e até cultos nas quartas-feiras (!). Uma de minhas mais remotas lembranças é ver minha mãe, meu pai e meu irmão adolescente vestindo um manto branco na frente da igreja enquanto o pastor os batizava em um tanque parecido com uma enorme piscina. A família Guthrie era composta de cinco pessoas: meus pais, minha irmã e meu irmão mais velhos e eu. Minha irmã, porém, dizia que Deus era o sexto membro de nossa família.

Sempre acreditei em Deus. No entanto, nem sempre tive facilidade em acreditar que ele é infalivelmente bom ou pelo menos bem-intencionado em relação a mim. Houve tempos em que me decepcionei com ele, deixei-o de lado ou estava muito envergonhada para me apresentar diante dele. Quando digo *tempos*, não me refiro a semanas ou meses, mas a anos. Anos do tipo "mantendo contato" aqui e ali com minha fé, sem me importar muito com meu relacionamento com Deus. Nesses tempos, eu me sentia culpada e nervosa, como se estivesse vivendo no limite ou fora da vontade dele, sem fazer o que devia fazer, sem ao menos orar, tampouco envolver-me com outras práticas espirituais.

Também passei por tempos de profunda devoção. Durante alguns anos, por volta de meus 30 anos de idade, atravessei uma fase de entusiasmo com estudos

> Crer nessa característica de Deus é a essência da fé: dar a Deus o benefício da dúvida em um mundo que convida ao cinismo e ao desespero.

bíblicos, devorando as Escrituras, anotando e guardando meus versículos favoritos e os memorizando. Foram tempos frutíferos. De repente, parei. Durante anos. Por motivos que não sei dizer com precisão. Uma mistura de muitas atividades e distração e, sim, de decepção e desencanto com Deus por coisas da vida que não evoluíam de acordo com o que eu queria. Então, desisti.

No entanto, aqueles versículos permaneceram em minha mente. Eles apareciam em momentos oportunos, inesperadamente, de uma forma que parecia divina, como uma corda salva-vidas que Deus atirava, para me reconectar com ele. Eu era grata por isso, mas me sentia envergonhada. Envergonhada porque Deus continuava ali, tendo tão pouco material para trabalhar, culpada por não abrir minha Bíblia para aprender alguma coisa durante anos. "Estou no meu limite", dizia a mim mesma. Convivi com aquela vergonha por muito tempo.

Hoje, porém, não penso mais daquela maneira. Aqui está o modo de olhar para as circunstâncias de acordo com "o que Deus mais faz o tempo todo é amar você". Em um tempo de próxima conexão, Deus sustentou-me com sabedoria e com sua Palavra; proporcionou-me uma longa jornada, uma jornada que, às vezes, escolhi fazê-la sozinha. Em vez de sentir culpa por não me dedicar constantemente às práticas espirituais, imaginando que Deus estava decepcionado ou desgostoso comigo, ou até me riscado do mapa, que tal se eu acreditasse que o que ele estava fazendo era me amar o tempo todo?

Há um grande poder quando olhamos para os eventos de nossa vida sob essa luz.

O que Deus mais faz o tempo todo é amar você.

Não estou falando da "luz de Deus" nem da ideologia de bem-estar misturada com uma pitada de algo sagrado. Estou falando da coisa mais difícil. Mas, se conseguirmos acreditar realmente nisso, é transformador. Um amor como esse cria raiz e causa uma revolução em nosso interior. Um triunfo sobre a falta de esperança. Uma forma de reimaginar e repensar cada circunstância, mesmo as que nos decepcionam. Especialmente essas. Imagine só — Deus amando você. Vendo você, valorizando você, encantando-se com você. Conhecendo você, tendo compaixão de você, curando você, perdoando você. Veja isso, aprecie, agarre, não largue. Inale profundamente sua boa vontade e entre em sintonia com a evidência de seu amor. Procure em todos os lugares.

Você vai descobrir que um amor como esse não se destina apenas a você. Destina-se ao mundo. Porque um amor assim não pode ser contido — ele é exalado e transpirado.

> Observem bem o que Deus faz, e façam o mesmo! Ajam como filhos que aprendem com os pais. E o que Deus faz é principalmente amar vocês. Aprendam com ele a vida de amor. Observem como Cristo nos amou. Seu amor não foi contido. Foi extravagante! Ele não amou para receber algo em troca, mas para nos dar tudo de si. Então, queridos, amem da mesma maneira.
>
> Efésios 5:1-2, A Mensagem

Amor como esse.

Esta é a nossa grande comissão: escolher acreditar no amor de Deus. Envolva-se nele; deixe que ele o aqueça de dentro para fora. Então, saia pelo mundo e faça o mesmo.

CAPÍTULO 2

CURSORES PISCANDO

Advertência.

Você conhece aquelas propagandas farmacêuticas que estão sempre em evidência — aquelas propagandas de drogas que parecem inovadoras, capazes de curar doenças raras das quais ninguém ouviu falar? "Imchafin" alivia coceira crônica nos pulsos. Tente "OoflaXYZ" para olho seco relacionado a picada de vespa. Cinco minutos de propaganda, 25 segundos de imagens simuladas de um casal idoso de mãos dadas ou de uma mulher de meia-idade exercitando-se no aparelho Pilates Reformer, enquanto uma voz ao fundo menciona uma longa lista de efeitos colaterais aterrorizantes:

"Trixcedrin" pode causar sonolência, insônia, perda de apetite, perda da audição, perda da visão, perda das chaves do carro, agitação, irritabilidade, hiperatividade, depressão, gota, joanetes ou vertigem. Consulte seu médico ou grite dentro de um abismo se esses, ou outros efeitos colaterais, ocorrerem.

A certa altura, queremos saber por que eles incomodam.

De qualquer forma, esta é a minha parte reservada a advertência. Imagine uma cena em que estou pedalando serenamente uma bicicleta por um caminho pitoresco na montanha.

Não se trata de um livro de memórias. Eu nunca quis escrever um livro de memórias. Não no sentido convencional. Para começar, parece que isso dá muito trabalho. Também não me lembro de muita coisa de minha carreira. Chego a brincar dizendo que, se um dia eu escrever uma história pessoal ou profissional, ela se chamará *O que aconteceu?* — com ponto de interrogação, não ponto final. Não *O que aconteceu.* Mas... *O que aconteceu?* Algo como: Sério? O que *aconteceu?* Tenho certeza de que, com um pequeno esforço ou hipnose, eu poderia me lembrar de algumas antigas histórias engraçadas de guerra ou de notícias dos tempos antigos, mas, sinceramente, qual é o sentido? Minhas histórias nunca seriam tão interessantes quanto as de algumas celebridades. De qualquer forma, não passaria de uma história sem brilho. Uma boa história, mas sem brilho. Acordar, artigo de capa, filmagem ao vivo, artigo de capa, filmagem ao vivo, filmagem ao vivo, filmagem ao vivo, dormir, enxaguar, repetir.

Quando contei à minha amiga Jenna Bush Hager que estava escrevendo um livro sobre fé, ela me incentivou muito. Jenna é uma leitora inveterada e autora de sucesso. Confessei-lhe que estava preocupada por não ter muito o que dizer, não ter material suficiente para escrever um livro inteiro.

— Claro que você tem! — ela me encorajou. — Como naquela época dois meses atrás, quando você estava doente, com febre e transpirando na cama com ondas de calor, e acordou no meio da noite e teve aquela grande epifania de Deus! Você poderia escrever sobre coisas desse tipo!

— Do que você está falando? — repliquei. Não me lembro de nada. De nada. Zero. Não me lembro do teor da "epifania" que aparentemente tive em meu sonho febril (a propósito, ela também não se lembrava), nem me lembro de ter tido uma epifania.

Eu não posso escrever sobre o que não lembro.

Eu não posso escrever sobre outras coisas — coisas de que lembro, mas não quero falar delas. Por exemplo, não quero escrever sobre o divórcio. Foi uma das épocas mais difíceis, mais tristes da minha vida. Ela quase foi destruída. Casei-me quando tinha 33 anos com muitos sonhos e esperança de ter uma família perfeita. Ao fazer uma retrospectiva, eu era um pouco sonhadora e um pouco obstinada. Não queria mais ficar solteira, queria ter uma família. Queria um conto de fadas. Sempre fui infeliz na esfera de romance. Escolhas malfeitas, falta de autoestima — droga, não é uma história nem um pouco original. Perdi a paciência por achar que estava perdendo tempo. Casei-me em uma ocasião inoportuna.

Não vou abordar esse assunto, como já disse, mas aquele casamento não deu certo. Não houve nenhum escândalo; apenas decepção. Há outras coisas sobre as quais quero falar menos ainda, coisas que aconteceram quando eu era muito mais jovem, coisas que deram errado e que me causaram muita vergonha e constrangimento durante anos. Não estou entrando em detalhes nem cometendo a loucura de imaginar o pior. Estou apenas

Mergulhar nas crises, aprofundar na adversidade. Esses são os momentos decisivos para a fé. Eles podem ser ameaças existenciais àquilo em que acreditamos ou podem ser professores extraordinários.

mencionando essas coisas porque, em um livro sobre fé, temos de falar sobre nossas lutas. Mergulhar nas crises, aprofundar na adversidade. Esses são os momentos decisivos para a fé. Eles podem ser ameaças existenciais àquilo em que acreditamos ou podem ser professores extraordinários. Às vezes, são as duas coisas, nem sempre ao mesmo tempo. Escrevo aqui sobre esses tipos de sentimentos. Você pode se perguntar o que estou insinuando. Pode até se perguntar se enfrentei de fato alguma adversidade. Que capacidade eu tenho para opinar sobre esses assuntos? Quais são minhas credenciais a respeito de sofrimento? Isso é justo, e este é um livro sobre conexão com Deus; o relacionamento com ele não ocorre no vácuo. Acontece na vida real, com circunstâncias e eventos reais e interações humanas. Ouvi dizer que a vida é, às vezes, semelhante a andar descalço com Deus em uma calçada extremamente quente. Estou apenas dizendo que não quero me aprofundar no motivo pelo qual a calçada estava quente, por que ficou daquela maneira, qual era a temperatura e até que ponto meus pés se queimaram. Só quero contar a você como Deus me carregou e me curou, e o que aprendi com a experiência.

Tudo bem? Tudo bem.

CAPÍTULO 3

O MANDAMENTO EXTRA

Você se lembra do personagem fictício Stuart Smalley do *SNL*?[3] (Se não se lembra, recomendo fazer uma pesquisa na internet!) Trajando uma blusa de lã felpuda, com cabelo loiro desgrenhado, ele era um amontoado de insegurança que fazia discursos motivacionais e assustadores a si mesmo diante do espelho. "Eu sou muito bom, sou inteligente e, caramba!, as pessoas gostam de mim!"[4] A apresentação era, ao mesmo tempo, engraçada e dolorosa de ver. Era engraçada por ser dolorosa.

Para mim, a apresentação era sempre desconfortável por outro motivo.

Eu tinha (e quem sabe ainda tenho?) uma aversão profunda a qualquer expressão de narcisismo e egoísmo. Quando eu era criança, toda essa história de autoafirmação era um grande não-não em casa e na igreja. Fomos criados para não nos gabar, não "dar um passo maior que as pernas" e, acima de tudo, ser humildes. Ainda me lembro de ter ouvido um sermão sobre esse assunto quando tinha nove ou dez anos de idade. Aliás, não foi nem mesmo um sermão; foi uma história pitoresca que os pregadores contam para quebrar o gelo ou ilustrar um argumento. Se ao menos aquele pastor soubesse o impacto que causou na menina sentada no auditório. Ele contou uma história do tempo em que havia orado ao Senhor pedindo humildade — uma oração que coincidiu com um passeio de esqui no alto de uma montanha coberta de neve no momento em que ele estava pronto para dar a largada. Pouco depois de sua sincera oração, ele tropeçou, caiu e despencou no gelo, fazendo uma grande, dolorosa e constrangedora exibição. A história provocou gargalhadas no auditório. Tenha cuidado com o que você ora — *hahahaha*! Mas eu não estava rindo. Essa historinha inofensiva causou um impacto profundo e duradouro em mim. A lição que aprendi é: seja humilde, senão Deus vai humilhar você!

Humilhação, para mim, era um grande perigo, uma das piores coisas que pode acontecer a uma pessoa. Acho que aquilo afetou diretamente minha estrutura psíquica; até hoje, sou uma pessoa que se constrange com facilidade. Até com coisas simples, como alguém me dizer que meus dentes estão manchados de batom. Sou agradecida por me alertarem, mas no íntimo fico horrorizada, desejando desaparecer imediatamente de cena.

Uma de minhas primeiras lembranças foi quando me senti totalmente humilhada por meu pai diante de algumas pessoas adultas. Eles estavam sentados ao redor de uma mesa à tarde, conversando, quando passei rapidamente puxando, sem pensar, minha calcinha enroscada no traseiro.

— Você vai ao cinema? — meu pai perguntou, provocando risos em seus companheiros.

— Eu? Não, por quê? — perguntei.

— Porque você está ajeitando seu assento.

Humor patético e banal de meu pai, sem nenhuma intenção de me prejudicar. No entanto, nunca me esquecerei de quanto me senti envergonhada e idiota naquele momento. Provavelmente meu pai não deveria ter feito graça à custa de uma frágil adolescente. Mas, por outro lado, eu era uma garota extremamente sensível. Para mim, as micromortificações estavam em todos os lugares.

Assim, eu tomava cuidado para manter a humildade, mesmo sofrendo o meu maior medo: a humilhação. O movimento em prol do narcisismo e autoaceitação corria a toda velocidade em nossa cultura, mas eu não fazia parte daquela corrida. Tudo parecia autoindulgente e levemente pecaminoso, e que Deus tivesse misericórdia se você esquecesse e começasse a ficar orgulhoso ou considerar-se muito importante. Então, você despencaria naquela pista de esqui em uma explosão de desonra.

"Ame ao seu próximo como a você mesmo" (Marcos 12:31). Esse é um dos primeiros versículos bíblicos que me lembro de ter aprendido. É, claro, um versículo clássico da escola dominical — uma forma de convencer as crianças indisciplinadas de 5 anos de idade a não baterem umas nas outras (com um leve acréscimo de pressão religiosa). Também combina bem com aquela antiga frase de efeito do jardim de infância, a regra de ouro: não faça aos outros aquilo que você não quer que façam a você.

Mesmo sendo criança, eu tinha problemas com a última parte do versículo. "Ame ao seu próximo" era um conceito fácil de entender (não muito fácil de pôr em prática, mas fácil de entender). Mas "como a você mesmo"? Achava a ideia confusa. Imaginava que Deus poderia ter usado um exemplo melhor, talvez um mandamento como: "Ame ao seu próximo como você ama sorvete." Porque eu não "me amava" nem um pouco daquela maneira. Na verdade, eu tinha certeza de que era errado fazer isso.

Ainda assim, fiz as pazes com o antigo versículo "ame ao seu próximo". Decidi que Deus estava dizendo algo diferente. Estava dizendo praticamente que você deve cuidar de seu próximo da mesma maneira que cuida de você. Pensar no seu próximo tanto quanto você pensa em si mesmo. Se existe uma coisa com a qual todos nós concordamos, é que os seres humanos pensam constantemente neles próprios. Então, o mandamento era basicamente este: diminua sua preocupação com você e dedique um pouco dela aos outros.

Essa interpretação me satisfez por muitos anos — até recentemente quando ouvi uma meditação em um aplicativo chamado Hallow. Ganhei uma assinatura quando Mark Wahlberg, um colaborador financeiro do aplicativo, foi ao programa TODAY [da NBC News] para promovê-lo. Sempre ávida por um brinde, comecei a usá-lo no meu trajeto matinal.

Escolhi uma meditação diária chamada *Lectio Divina*,[5] um método antigo de refletir sobre um trecho da Escritura.

Há muitas versões para praticar esse método, mas, basicamente, consiste em ler o mesmo versículo repetidas vezes, prestando atenção todas as vezes nos diferentes aspectos do texto com longos períodos de silêncio entre uma e outra leitura. Na primeira vez, apenas ouça com atenção e permita que as palavras o envolvam totalmente. Na leitura seguinte, ouça com atenção, focando qualquer palavra ou frase específica que lhe saltar aos olhos. Na terceira leitura, ouça com atenção e imagine-se na cena conforme é descrita. Repetindo, o silêncio é muito importante entre cada leitura. É aí que a mágica ocorre, onde o Espírito Santo pode agir em você.

Este é o versículo diário que encontrei de manhãzinha no Hallow enquanto me dirigia no escuro para o trabalho:

Um dos mestres da lei [...] perguntou-lhe:
— Qual é o mandamento mais importante de todos?
Jesus respondeu:
— O mais importante é este: "[...] Ame ao Senhor, o seu Deus, com todo o seu coração, com toda a sua alma, com todo o seu entendimento e com todas as suas forças". O segundo é este: "Ame ao seu próximo como a você mesmo". Não existe mandamento maior do que estes.

Marcos 12:28-31

"Ah, esse velho ditado de novo", pensei. Voltei à minha adaptação favorita: amar a si mesmo não é literal. Significa apenas que devemos dar a mesma atenção aos outros que damos a nós

De certa forma, havia um mandamento extra escondido dentro dos dois mencionados por Jesus. Ame ao Senhor, o seu Deus. Ame ao seu próximo. E ame a você mesmo.

mesmos. Mas então um pensamento me ocorreu, o tipo de revelação que parece sobrenatural e vibra com eletricidade. De certa forma, havia um mandamento extra escondido dentro dos dois mencionados por Jesus. Ame ao Senhor, o seu Deus. Ame ao seu próximo. E ame a você mesmo.

Fechei o círculo. Acredito que Deus deseja realmente que amemos a nós mesmos. Humilhação, vergonha, autocensura e intimidação não fazem parte do plano de Deus para nós. Nem autoelogio, muito menos exagerado. Não sei quanto a você, mas não consigo ter sentimentos genuínos de narcisismo cochichando palavras de afirmação a mim mesma. Parece falso e patético, ao estilo de Stuart Smalley. O equilíbrio correto encontra-se no ingrediente secreto: o próprio Deus. Conhecer o grande amor de Deus e crer nesse amor — é assim que passamos a amar a nós mesmos.

Sim, a humildade é um atributo espiritual positivo. Mas humildade não é humilhação; não é ser rebaixado à força — nem por nós nem por Deus. Humildade é simplesmente reconhecer que necessitamos de Deus. Quando reconhecemos nossa necessidade, em vez de dizer a nós mesmos que somos totalmente autossuficientes, deixamos espaço para ele. Esse espaço pode ser e será preenchido com seu amor por nós. Esse amor nos ensina a começar a amar a nós mesmos — vemos a nós mesmos como Deus nos vê. Esse é o fundamento de uma confiança verdadeira, inabalável.

Deus nos ama, e seu amor é contagiante. Se ficarmos bem perto dele, seremos com certeza contagiados por seu amor.

> Humildade é simplesmente reconhecer que necessitamos de Deus.

CAPÍTULO 4

COMO
UMA MÃE

Eu tinha 42 anos de idade quando dei à luz meu primeiro filho. Não esperei tanto tempo para ter filhos por estar muito ocupada tentando ser uma "mulher de carreira", nem por estar andando de bar em bar, solteira e despreocupada, nem por não ter certeza se queria ser mãe. Se tivesse de escolher, provavelmente teria me casado depois de completar 20 anos, ter três filhos e nunca sair de minha cidade natal.

Às vezes, a vida não corre da maneira que gostaríamos. Ao que, em algum momento, todos nós provavelmente diremos um estrondoso "graças a Deus". Graças a Deus não aceitei aquele emprego. Graças a Deus não fiz aquela mudança. Graças a Deus não compramos aquela casa. Graças a Deus não me casei com aquela pessoa que eu tinha absoluta e total certeza de que era a única para mim — quando cursava o ensino médio.

Dito isso, sempre soube que queria ser mãe. Sinceramente, supunha que isso ocorreria. Nunca imaginei que seria tão difícil encontrar um parceiro para a vida toda. Passei os 20 e os 30 anos de idade fazendo um esforço em vão, tomando várias decisões românticas erradas. Vi todas as minhas amigas encontrarem um par e atravessarem o corredor da igreja, perguntando a mim mesma se um dia eu faria o mesmo. Os anos se passaram; a pilha de vestidos de madrinha aumentou. De alguma forma, sempre tive sucesso na carreira profissional e insucesso na vida pessoal. Por volta dos 35 anos, por fim me casei, mas por pouco tempo (veja minha advertência anterior — não discutir o assunto!), e, depois de me divorciar aos 36 anos, eu tinha certeza de que era uma mercadoria danificada, fora do prazo de validade, principalmente no que se refere à reprodução.

Deus tinha planos melhores.

Conheci meu futuro marido, Michael Feldman, na festa de aniversário quando ele completou 40 anos. Não fui convidada, mas não entrei exatamente de penetra. Minha amiga, que estava namorando um amigo de Mike, me convidou para acompanhá-los. Eu estava fazendo a cobertura da campanha presidencial de 2008, viajando de uma cidade a outra, passando meses na estrada, com exceção de algumas noites em casa para trocar as roupas na mala. Um desses intervalos na campanha caiu em um sábado à noite, e minha amiga Ann insistiu em que eu saísse para me "divertir" um pouco. Foi assim que me vi em uma festa repleta de pessoas conhecidas nos

Às vezes, a vida não corre da maneira que gostaríamos. Ao que, em algum momento, todos nós provavelmente diremos um estrondoso "graças a Deus".

meios da política e da imprensa, mas totalmente desconhecidas para mim. Não conhecia uma viva alma. Sempre cavalheiro, Mike se aproximou, apresentando-se para a nova garota de vestido vermelho.

Deus tinha planos melhores.

Ele usava um terno azul-escuro com um lenço de bolso azul-claro. Disse, em tom de brincadeira, que seu pai, de 75 anos de idade, o vestira. (Ainda tenho o vestido vermelho; usei-o dez anos depois para surpreendê-lo na festa em que ele comemorou seus 50 anos.)

Para Mike e para mim, foi amor à primeira vista. Nós dois tínhamos fobia de compromisso por motivos diferentes (afinal, ele era um solteirão de 40 anos!). Mas houve um elo imediato entre nós; tínhamos um respeito inerente, instintivo, um pelo outro, além de confiança e afeição. Começamos um namoro — imagine só! — de cinco anos e meio. Isso é o que se chama esperar! Hesitamos e titubeamos, enrolamos e vacilamos, falamos sobre o relacionamento até não poder mais enquanto desperdiçávamos um tempo precioso — para o desgosto de nossas famílias e amigos. ("Por que vocês não param de pensar e assumem o compromisso? Ou então terminem de vez! Já chega!")

Em maio de 2013, na vivacidade e energia dos 45 e dos 41 anos de idade, ficamos noivos, marcando o casamento para março em Tucson, minha cidade natal, no Arizona. Havíamos conversado muitas vezes sobre filhos e estávamos bem conscientes de que não seria fácil. Achamos que teríamos de nos submeter a um tratamento de fertilidade, talvez um longo caminho sem garantias. Mas, por uma grande sorte (e, acredito, bênção divina), engravidei, e nossa filha nasceu em agosto de 2014.

Nunca me esquecerei do momento em que pousei os olhos em Vale pela primeira vez. Ainda posso ver o médico erguendo aquela pequenina estrutura no ar para que eu a contemplasse. "É uma menina!", ele exclamou. "É gordinha!" Ela pesava 3,6 quilos de puro milagre. Senti uma mistura de êxtase e choque. Não conseguia acreditar. Como aquilo que era nada nove meses antes se transformara em algo tão extraordinário? Encostei seu rosto ao meu. Rostos colados, minha filha e eu. As lágrimas caíram, como águas represadas dentro de mim, adormecidas até aquele exato momento. Eu sabia que aquelas lágrimas estranhas e de amor foram sempre, e somente, destinadas a ela. Dois anos depois, semanas após meu 45.º aniversário, meu pequenino foguete Charley chegou chorando a este mundo. Nossa família estava completa.

Meus filhos são, ao mesmo tempo, minha maior alegria e meu desafio diário mais importante. O amor que sinto por eles deu significado à minha vida. Por ter sido mãe um pouco mais tarde na vida, bem depois de ter desistido da esperança, eu não considerava a maternidade como algo líquido e certo. Quando Charley tinha 6 semanas de vida, levei-o junto com Vale a Tucson para visitar minha mãe. Minha prima Teri, que foi como uma tia para mim enquanto eu crescia, viajou de carro de Phoenix até Tucson para nos ver. "Ah, Savannah", ela disse, com os olhos brilhando enquanto olhava para meus bebês. "Eles são tudo o que você realmente queria."

Ser mãe. Que revelação! Fisicamente. Emocionalmente. Intelectualmente. E, sim, espiritualmente. Não me lembro de nenhuma outra experiência que mais aperfeiçoou meu conhecimento sobre Deus.

Para mim, ser pai ou mãe é a metáfora suprema de Deus da vida real; é o mais perto que os seres humanos conseguem chegar para compreender como Deus se relaciona conosco. Não é por

> Para mim, ser pai ou mãe é a metáfora suprema de Deus da vida real; é o mais perto que os seres humanos conseguem chegar para compreender como Deus se relaciona conosco.

acaso que as Escrituras se referem a ele como nosso Pai celestial, e a nós, como seus filhos — a maior aproximação do amor de Deus por nós é ser pai ou mãe de uma criança.

Em minha experiência, as revelações de Deus são sempre muito mais sobre demonstrações práticas em vez de pergaminhos e leis no alto da montanha (com exceção de Moisés naquela vez). Ser mãe tem sido uma demonstração prática para mim, revelando-me da maneira mais profunda e pessoal imaginável o que Deus deve estar pensando e sentindo naquele momento.

Vale a pena separar um tempo para meditar nisso. Nosso modo de sentir em relação aos filhos é o mesmo de Deus por nós. O modo com que os adoramos. O modo com que eles fazem nosso coração pular de alegria. O modo com que nos encantamos com a personalidade, os dons e as peculiaridades deles. O modo com que nos orgulhamos de suas conquistas e realizações, por menores que sejam. Vê-los crescer é como presenciar o desabrochar de uma flor em tempo real, um presente que podemos abrir e reabrir todos os dias.

A conexão de Deus com seus filhos é extraordinariamente íntima e terna — como a de mãe para filho. Não sei quanto a você, porém eu mal consigo assimilar isso. É maravilhoso demais imaginar que Deus se sente da mesma maneira em relação a mim.

Bom demais para ser verdade, mas transformador se for realmente absorvido.

––––

A grande metáfora de Deus não termina aí. Todo pai e toda mãe sabem que ter filhos é carregar um fardo alegre de preocupações, medos e cuidados. A famosa citação é famosa por um motivo: "Ter um filho é importantíssimo. É decidir ter seu coração andando a esmo fora de seu corpo".[6] Quando minha prima teve seu primeiro bebê, perguntei-lhe como se sentia. Ela disse: "É como ter um espinho. Você ama aquele espinho, mas é um espinho".

Nossos filhos causam preocupações. Desafios. E nos frustram, às vezes até o nosso limite, principalmente quando estamos tentando evitar uma adversidade, cuidando apenas de seus melhores interesses. Desde explicar a uma criança pequena por que ela não pode tomar sorvete no café da manhã até dizer a um adolescente por que ele não tem permissão para navegar nas redes sociais, isso é sempre um exercício de irritação e desespero.

Se ao menos eu conseguisse convencê-los a fazer o que é bom para eles! Como eu gostaria que entendessem que as coisas que estou fazendo ou proibindo são para o bem deles! Não estou sendo cruel nem impedindo que sejam felizes. Estou do lado deles!

Agora imagine essas palavras vindas de Deus. Sobre nós. E começamos a entender sua perspectiva em relação aos seus filhos.

Somos seres humanos imperfeitos que tropeçam e erram. Tomamos decisões erradas. As coisas não dão certo e não entendemos o que Deus está fazendo. Reclamamos e nos rebelamos. Afastamo-nos, ficamos mal-humorados e não conversamos com Deus. Não conseguimos

Deus não fica impaciente.
Não fica com raiva.
Seu amor, compaixão e
comprometimento inabaláveis
nunca falham.

ver o quadro maior. Assim como as crianças não têm uma visão de longo alcance ("Um dia você vai me agradecer por eu não ter permitido que você fizesse uma tatuagem no rosto!"), não temos uma perspectiva suficientemente ampla. Somos apenas humanos. Não temos a visão vantajosa e multidimensional de Deus no que se refere a pessoas, lugares e eventos, do futuro, do presente e do passado.

No entanto, assim como um bom pai, Deus não permite que isso o afete. Ele não fica impaciente. Não fica com raiva. Seu amor, compaixão e comprometimento inabaláveis nunca falham — seja qual for nosso modo de agir, o que dizemos ou o que "merecemos". Ele está sempre disposto a nos perdoar quando, inevitavelmente, pecamos. E, quando recorremos a ele, nós o encontramos à nossa espera, com os braços abertos.

Meu filho, Charley, teve uma fase prolongada de "maldade com a mamãe" quando tinha 4 anos de idade. Assim como muitas crianças nessa idade, essa fase durou muito mais do que eu podia tolerar.

— Como foi o encontro com seus amiguinhos no parque, meu amor? — lembro-me de ter perguntado.

— Foi bom. Eu me esqueci de você — ele respondeu. — E esqueci de propósito.

(Sim, escrevi as palavras exatas.) Preocupei-me por estar criando um garotinho que me odiava. Cheguei a ligar para o pediatra, que riu e disse: "Ah, eles fazem isso com as pessoas mais próximas deles!".

As crianças nessa faixa etária são como pequenos cientistas. Observam tudo e reúnem informações: "O que vai acontecer se eu jogar isto longe? O que vai acontecer se eu apertar ali?". Nesse caso, o "ali" que ele estava apertando com força era o meu coração. Intelectualmente, eu entendia que ele estava apenas testando, pondo sua personalidade à prova. Tentava manter uma expressão impassível na frente dele, demonstrando frieza, mas depois fechava a porta e chorava porque um garotinho feriu meus sentimentos. Vamos enfrentar os fatos: as crianças sempre apresentam seu pior lado em casa. Chegam, chutam os sapatos para longe, jogam a mochila no chão e toda a sua bagagem emocional na mamãe.

Há, porém, uma coisa que a maternidade me ensinou — algo que não existe em nenhum outro tipo de relacionamento. Seja como for o modo de os nossos filhos agirem, nosso amor por eles é inabalável.

Assim é o amor de Deus.

Essa é a verdade fundamental que eu passei a entender da maneira mais profunda depois que me tornei mãe.

Os sentimentos de Deus por nós não têm relação nenhuma com o que sentimos por ele.

O que ele pensa de nós não tem relação nenhuma com o que pensamos dele.

Não podemos fazer ou dizer nada que o faça nos amar mais — ou menos.

Ele nos ama não por quem somos ou pelo que fazemos, mas por quem ele é e pelo que ele faz.

Ele ama. Como uma mãe. Contudo, melhor.

> O SENHOR, o seu Deus, está no seu meio, um guerreiro poderoso para salvar. Ele terá imensa alegria em você; com o seu amor a renovará. Ele se regozijará em você com brados de alegria.
>
> Sofonias 3:17

CAPÍTULO 5

VOCÊ ESTÁ ENCHARCADO DELE

Quando Vale, minha filha, tinha cerca de 2 anos de idade, estávamos ouvindo um CD de hinos que minha mãe havia nos dado. Sim, ainda tínhamos um CD Player em 2016. Não me diga que não há milagres! Minha mãe me enviara um álbum de músicas da igreja logo depois que o bebê nasceu, e sua intenção não era sutil: ela queria ter certeza de que aquela garotinha teria um pouco de Deus em sua vida.

Não posso dizer que horários para dormir, treinamento para usar o penico e não depender mais da chupeta não tiveram precedência sobre o desenvolvimento espiritual nos primeiros anos, mas a certa altura, entre os três primeiros anos de minha filha, redescobri os antigos CDs e decidimos tocá-los. Apesar da preocupação de minha mãe, eu havia levado Vale à igreja para que ela não se tornasse uma idólatra. E aconteceu que, um dia, enquanto ouvíamos música, entretidas com nossas atividades normais — montando blocos? Brincando com Barbies? —, quando a música "Jesus me ama" tocou, seus olhinhos azuis brilharam. "É a minha música!", ela exclamou.

Jesus me ama, disso eu sei.

É a minha música também. E a sua.

Há momentos em minha vida em que me sinto invadida pela sensação de ser amada por Deus. Um calor, até um êxtase — um sentimento tão agradável e inequívoco que tenho certeza de que o Espírito de Deus está comigo. O sentimento surge inesperadamente, motivado por uma canção, um pôr do sol ou um versículo que me vem à mente. Pode também surgir sem nenhum motivo. Mas sei que é Deus. Eu o reconheço. É como se alguém da família entrasse no quarto. Sorrio para ele em minha mente. "Aqui estás. Eu te vejo. Obrigada." É um sentimento primoroso.

> — [...] permaneçam no meu amor.
>
> João 15:9

"Permaneçam no meu amor." É uma exortação de Jesus, registrada pelo apóstolo João. Há versões desse sentimento espalhadas por toda a Escritura, portanto você conhece seu significado verdadeiro. É uma boa reflexão. Sempre me faz lembrar um antigo comercial da década de 1970, de uma famosa marca de sabonetes, que acabara de lançar um detergente. Madge, a manicure, olha com desaprovação enquanto cuida das mãos ressecadas e manchadas de sua jovem cliente. "É de tanto lavar pratos", explica a atraente jovem dona de casa, um pouco envergonhada. Madge tem a resposta pronta: "Use este produto. Ele amacia suas mãos enquanto você lava os pratos!", ela diz.

A câmera corta para as mãos da dona de casa dentro de um pote com um líquido verde. "Você está encharcada dele!"

Horrorizada, a dona de casa tira rapidamente as mãos do pote. Madge recoloca gentilmente os dedos da cliente dentro do pequeno pote. Por fim, a dona de casa cede, feliz com os dedos dentro do grosso líquido verde.

O amor de Deus. Você está encharcada dele? Eu não. Não na maior parte do tempo.

A única coisa mais difícil do que acreditar que "o que Deus mais faz o tempo todo é amar você" é acreditar nisso. Apegar-se a um sentimento de ser querido, especial e adorado não é apenas difícil, mas até autoindulgente diante do caos do mundo. Ande na rua ou entre as prateleiras do supermercado ou assista ao noticiário na televisão e você verá pessoas passando por angústia ou luta, em situações calamitosas e necessitando de algo. Nesta vida, o sofrimento é real. Quem somos nós para andar por aí nos deleitando com a sensação de ser abençoados por Deus? Parece insensível, egoísta e quase ofensivo.

Deixando de generalizar e passando para o nível pessoal: sentir-se amado diante dos reveses, decepções e perdas é quase impossível, droga! (Podemos usar essa palavra em um livro sobre fé?) É bom e agradável sentir-se amado por Deus quando as coisas

"Permanecer no amor de Deus"
é um estado de espírito.
Usamos o cérebro para
lembrar nosso coração.

---

fluem do jeito que queremos. Quando é preciso lutar — com a necessidade, o conflito ou a mágoa —, a gente esquece. Esquece que é amado por Deus. São momentos em que parece que Deus está contra nós. Sentimo-nos abandonados por ele.

E igualmente complicados talvez sejam todos os momentos intermediários, a monotonia de dias comuns, de vinte e quatro horas de faça isto e não faça aquilo, de venha cá e vá lá, que vão se empilhando dia após dia, semana após semana, ano após ano. Claro, Deus nos ama, mas, sinceramente, quem tem tempo para ficar sentado, encharcando-se disso? Temos pratos para lavar, refeições para planejar (tradução: use o sistema *delivery*), encontros para organizar, empregos para manter, *e-mails* para enviar, videoconferências para suportar, chefes para atender, apaziguar ou deslumbrar. Temos marido ou esposa e sócios para dar atenção a eles, filhos para educar, família e amigos com que conviver, apreciar sua companhia ou superar problemas entre nós e eles. É um trabalho em tempo integral essa coisa chamada vida.

Como atrair e manter esse sentimento de ser amado?

É bem simples. Não atraímos nem mantemos. Porque não é um sentimento; é um fato. "Permanecer no amor de Deus" é um estado de espírito. Usamos o cérebro para lembrar nosso coração. Provavelmente não somos capazes de preservar a emoção de ser amados por Deus, mas podemos permanecer confiantes de que somos amados por Deus. Podemos manter na memória o fato de que somos amados por Deus — e permitir que isso faça brotar a semente da confiança dentro de nós de que nada mudou em sua atitude em relação a nós.

De certa forma, isso me faz lembrar do casamento. Qualquer pessoa que tenha tido um relacionamento com alguém por uns tempos sabe que ninguém permanece apaixonado para sempre, tendo o mesmo brilho nos olhos de um adolescente (desculpe, meu amor!). O casamento é um ato de intenção e volição: decidir que amamos aquela pessoa e que aquela pessoa nos ama — todos os dias. O relacionamento com Deus é exatamente isto: um relacionamento.

A Escritura diz que devemos estar "arraigados e alicerçados no amor" (Efésios 3:17). A metáfora da planta é apropriada. Certa vez, ouvi um pastor de Nova York chamado Timothy Keller usar essa metáfora para falar do relacionamento conjugal. Ele disse que o casamento é como um jardim. E, se você já teve ou tem um jardim, sabe quanto trabalho ele dá. É preciso estar atento todo santo dia. Se o tempo estiver seco, você precisa regá-lo. Mas, se chover, você precisa continuar atento, podando e arrancando as ervas daninhas. Tem de trabalhar nesse jardim todos os dias — e mais, ele só começa a ficar bonito depois de anos.

Nosso relacionamento com Deus pode, às vezes, ser assim. Se podemos escolher ser arraigados no amor, fazer dele a nossa base, tudo o mais floresce.

> [Oro] para que Cristo habite pela fé no coração de vocês, de modo que estejam arraigados e alicerçados no amor. Assim, vocês perceberão, com todos os santos, qual é a largura, o comprimento, a altura e a profundidade do amor de Cristo e conhecerão esse amor que excede todo conhecimento, para que sejam cheios da plenitude de Deus.
>
> Efésios 3:17-19

Permanecer no amor de Deus é uma escolha diária, é acreditar ativamente nele, procurá-lo em todos os lugares, escolhendo interpretar as circunstâncias sob essa luz. Equivale dar a Deus o benefício da dúvida, atribuindo boas intenções a ele. Mesmo em tempos de dificuldade, perguntando a nós mesmos: "Será que Deus está me amando neste momento?" Dispondo-nos a procurar a evidência de seu amor, lembrando o que Deus disse: "Vocês me procurarão e me acharão quando me procurarem de todo o coração" (Jeremias 29:13).

Seja o que for que encontremos — uma pessoa difícil, um evento perturbador, um texto bíblico que nos deixa confusos —, se nossa reação superficial ou afastamento imediato for inconsistente com o fato incontestável de que Deus nos ama, devemos então continuar a procurar. Precisamos ir mais fundo. Porque seu amor por nós é uma certeza.

> Se nossa reação superficial for inconsistente com o fato incontestável de que Deus nos ama, precisamos ir mais fundo. Porque seu amor por nós é uma certeza.

Talvez você tenha ouvido falar do apóstolo João, um dos doze discípulos de Jesus. Ele escreveu um dos quatro Evangelhos e vários outros livros do Novo Testamento. Há algo curioso e notável em seus escritos. Ao narrar a vida de Jesus, ele se referiu repetidas vezes a um discípulo em particular como "aquele a quem Jesus amava".

> Então, [Maria Madalena] correu ao encontro de Simão Pedro e do outro discípulo, aquele a quem Jesus amava e disse:
> — Tiraram o Senhor do sepulcro, e não sabemos onde o colocaram!
>
> João 20:2

> O discípulo a quem Jesus amava disse a Pedro:
> — É o Senhor!
>
> João 21:7

> Pedro voltou-se e viu que o discípulo a quem Jesus amava os seguia.
>
> João 21:20

Há outras passagens. Ao longo dos anos, estudiosos e teólogos têm concordado em grande parte com a identidade desse discípulo. Então, quem era a pessoa misteriosa que João descreveu como "aquele a quem Jesus amava"? João. Ele estava falando de si mesmo. Claro.

Quando eu soube disso, achei um pouco engraçado. Como ele se considerava importante, pensei maravilhada, para fazer esse elogio (repetidas vezes) a si mesmo! Excesso de confiança? Mas então a emoção tomou conta de mim.

Essa é a personificação do significado de "permanecer no meu amor". João não estava se vangloriando; não se tratava de ostentação. Nem estava ele reivindicando e transferindo todo esse amor para si; ele não disse que era o único a quem Jesus amava. Apenas transmitiu com naturalidade o que considerava ser seu atributo mais significativo.

John Piper, pastor e autor cristão, disse:

> Talvez esse seja o modo de João dizer: "Minha identidade mais importante não é o meu nome, mas ser amado por Jesus, o Filho de Deus". Ele não está tentando roubar esse privilégio de ninguém; está simplesmente exultando: "Eu sou amado, eu sou amado, eu sou amado — é quem eu sou. Sou amado por Jesus".[7]

É uma criança ouvindo "Jesus me ama" e dizendo: "Esta é a minha música". É um apóstolo testemunhando o Messias e dizendo: "Sou aquele a quem ele ama". Mas é um fato que pertence a todos nós.

Tudo isso é profundamente pessoal, claro. Não conheço os passos que funcionam melhor para você "permanecer em seu amor" em determinado dia. No entanto, sei que tudo mudaria para nós se fosse possível. Quem seríamos se realmente crêssemos nisso?

> Nenhum poder na terra ou no inferno pode vencer o Espírito de Deus que habita no espírito humano; isso cria uma invencibilidade interna.[8]
>
> **Oswald Chambers,**
> *My Utmost for His Highest*[9]

Triângulo do amor

— Como o Pai me amou, assim eu os amei; permaneçam no meu amor. Se vocês obedecerem aos meus mandamentos, permanecerão no meu amor, assim como tenho obedecido aos mandamentos do meu Pai e permaneço no amor dele.

João 15:9-10

Este é o meu mandamento a vocês: Amem uns aos outros.

João 15:17

E:

Jesus respondeu:
— O mais importante é este: "Ouça, Israel: o Senhor, o nosso Deus, é o único Senhor. Ame ao Senhor, o seu Deus, com todo o seu coração, com toda a sua alma, com todo o seu entendimento e com todas as suas forças". O segundo é este: "Ame ao seu próximo como a você mesmo". Não existe mandamento maior do que estes.

Marcos 12:29-31

Em forma de diagrama:

Permaneça no amor de Deus

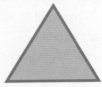

Ame a Deus   Amem uns aos outros

SEGUNDA PARTE

PRESENÇA

CAPÍTULO 6

TEMPO VERBAL PRESENTE

O nde está Deus? Qual é a sua localização exata?
Ele está agora.
Ele não está em um lugar; ele está em um momento.
Neste momento.
Em todo momento.
Eternamente.

> Deus disse a Moisés:
> — EU SOU O QUE SOU. É isto que você dirá aos israelitas: "EU SOU me enviou a vocês".
>
> Êxodo 3:14

Sempre, desde o começo, lá está, bem ali — no próprio nome que Deus usou para se anunciar a Moisés.

Eu sou.

Tempo verbal presente.

Deus está aqui. Agora.

Pausa.

Fica um pouco.

Está presente.

Deus está sempre se comunicando aqui no tempo verbal presente.

—

Ouvi certa vez um pastor dizer que Deus é como uma emissora de rádio que está sempre no ar, sempre transmitindo. Cabe a nós sintonizá-la. Se queremos aumentar o volume ou ouvir uma música ou som ao fundo — de novo, a escolha é nossa.

Deus está aqui, agora, e ele fala conosco sem exigir que falemos com ele. O que ele pensa de nós não depende do que pensamos dele. Deus não espera ser chamado para estar conosco. Não invocamos sua presença com práticas piedosas e rotinas espirituais cuidadosas. Elas nos ajudam a nos sintonizar com ele. Abrem a janela através da qual sua luz está pronta para brilhar.

Deus está aqui,
agora, e ele fala
conosco sem exigir
que falemos com ele.

Ele está presente conosco, não importa se estamos presentes ou não com ele.

> **Aproximem-se de Deus, e ele se aproximará de vocês!**
>
> Tiago 4:8

Você pode se lembrar de como ele foi no passado e encontrar confiança.

Você pode imaginar como ele será no futuro e encontrar confiança.

Mas, agora, é aqui que você o encontra.

CAPÍTULO 7

O NÚMERO DO TELEFONE DE DEUS

Tempos atrás, quando me mudei para Nova York, tive dificuldade de encontrar uma igreja na qual eu me adaptasse. Na maioria das vezes, não procurei com muito empenho. (É mais fácil encontrar um *brunch* acompanhado de bebida alcoólica em um domingo de manhã do que uma casa espiritual perfeita.) Em outras ocasiões, visitei várias igrejas da cidade, procurando sempre as mais próximas do meu apartamento. Houve uma ocasião em que visitei uma igreja antiga, aparentemente histórica — aquela igreja que sabemos que foi magnífica um dia, mas que não recebia mais os devidos cuidados. Diferente das igrejas que geralmente me chamavam a atenção, aquela era tradicional e litúrgica. "Quase mecânica", lembro-me de ter pensado. Agradável, porém enfadonha. Os hinos eram lentos e melancólicos; o órgão tinha som alto e arrastado. "Nossa!", pensei, imaginando que o culto seria muito longo, certa de que seria a primeira e a única vez que iria àquela casa de adoração. (Sim, esses pensamentos foram intercalados de autocensura por esperar que uma igreja fosse um lugar de distração ou deslumbramento para mim.)

Então, um homem mais velho, trajando um manto e parecido com um sacerdote subiu ao púlpito para apresentar seu sermão. Ele tinha o porte de uma pessoa agradável e bondosa, mas não era exatamente um C. S. Lewis no púlpito. Sua mensagem parecia a de "tenha um bom dia". Comecei a perder o ânimo. Mas o entusiasmo daquele homem me desarmou, e ele me atraiu a atenção quando fez uma pergunta surpreendente e bizarra à congregação.

"Vocês sabem qual é o número do telefone de Deus?"

Olhares perplexos e silêncio partiram dos bancos ocupados aqui e ali.

"E então, sabem ou não?", ele perguntou, rindo alto. "É Jeremias 33:3!"

> "Clame a mim, e eu responderei; e direi a você coisas grandiosas e insondáveis que você não conhece."
>
> Jeremias 33:3

A primeira lição que aprendi aquele dia na igreja antiga e cansativa: com Deus, não há tempo desperdiçado. Você sempre extrai alguma coisa se o seu coração estiver no lugar certo. (Ou, no meu caso, até quando não está.)

E a segunda lição: o número do telefone de Deus. Basta ligar. Ele vai atender.

> Vamos chegar a um acordo. Orar é difícil, por inúmeros motivos.

Vamos chegar a um acordo. Orar é difícil, por inúmeros motivos. Estamos atarefados. Estamos distraídos. Estamos cansados. Não sabemos se está funcionando. Às vezes, temos certeza de que não está.

Não sou especialista em oração. Até que começo bem, mas, de repente, os pensamentos interferem e me fazem fugir do assunto, e minhas orações se transformam em períodos de preocupações ou lista de tarefas. O que começa com oração transforma-se em pensamentos para brincar com as crianças ou buscá-las na escola.

É muito difícil. Às vezes, é o nosso estado de espírito emocional que faz a oração parecer intimidadora ou impossível. Quando estamos com raiva, magoados ou amargurados, às vezes tudo o que conseguimos fazer é pensar em orar. Outras vezes, nossas preocupações e medos são tão sufocantes que não sabemos sequer por onde começar.

O famoso texto de Romanos vem ao nosso encontro exatamente onde estamos:

> Da mesma forma, o Espírito nos ajuda em nossa fraqueza, pois não sabemos como devemos orar,

> mas o próprio Espírito intercede por nós com gemidos inexprimíveis.
>
> Romanos 8:26

Como sempre, amo as palavras da versão A Mensagem:

> Se não sabemos como orar, não importa. [O Espírito de Deus] ora em nós e por nós, utilizando nossos suspiros sem palavras, nossos gemidos de dor.
>
> Romanos 8:26

Ele não precisa nem de nossas palavras. Apenas de um suspiro, uma lágrima ou uma lamúria. Ele sabe. Que recurso maravilhoso temos em um Deus que já conhece nossa história inteira, nossa complexa essência emocional, cada pensamento nosso. Não temos de explicar nada. É como ter um magnífico terapeuta — ou, como a Bíblia diz, um "Maravilhoso Conselheiro" (Isaías 9:6).

Sou muito grata a Deus porque ele aceita tudo o que lhe apresento — meus motivos e angústias confusos e minhas loucuras — e transforma-os em oração. De certa forma, orar é, em essência, simplesmente processar nossos sentimentos,

> Ele não precisa nem de nossas palavras. Apenas de um suspiro, uma lágrima ou uma lamúria. Ele sabe.

De certa forma, orar é, em essência, simplesmente processar nossos sentimentos, emoções e preocupações na presença de Deus. É um meio intencional de recorrermos a ele.

emoções e preocupações na presença de Deus. É um meio intencional de recorrermos a ele.

Em nossos momentos de fraqueza, em nossos momentos de profunda necessidade e falta de esperança, às vezes o que conseguimos fazer melhor é nos apresentar diante dele. Não se preocupe. Ele sabe lidar com isso.

Talvez você já tenha ouvido esta famosa citação: "Oitenta por cento do sucesso na vida consiste em se fazer presente".[10] Na oração, é 100%. Se apenas chegarmos a ter um momento de tranquilidade com Deus, o propósito foi cumprido.

Isso não significa que sua oração vai ser respondida imediatamente ou que você vai reabrir os olhos e sentir-se melhor ou diferente. A oração é um sucesso se você simplesmente orar. Porque quer perceba esse sucesso no exato momento, quer não, você está construindo algo junto com Deus. Está construindo uma conexão — o fato resultante disso ou o sentimento imediato. Pode demorar muito para você perceber a profundidade do alicerce que foi formado.

De uma coisa sabemos: Deus vem ao nosso encontro na oração. Ele disse estas palavras categoricamente: "Clame a mim, e eu responderei". É uma promessa fundamental.

Você faz a ligação. E ele sempre a atenderá.

CAPÍTULO 8

ELE FALA A NOSSA LÍNGUA

— O porteiro abre-lhe a porta, e as ovelhas ouvem a sua voz. Ele chama as suas ovelhas pelo nome e as leva para fora. Depois de conduzir para fora todas as suas ovelhas, vai adiante delas, e estas o seguem, porque conhecem a sua voz. Elas, porém, nunca seguirão um estranho; na verdade, fugirão dele, porque não reconhecem a voz de estranhos.

João 10:3-5

Como ouvimos e reconhecemos a voz de Deus? Esse é um dos aspectos mais importantes e complexos da fé. Aqui a Bíblia volta a uma de suas metáforas favoritas. Deus é o Pastor; nós somos suas ovelhas.

Mudando um pouco de assunto: você já se perguntou por que os seres humanos não poderiam ter sido um animal mais importante nessas alegorias? Talvez um pássaro magnífico? Ou que tal um leopardo? As ovelhas não são exatamente imponentes. E têm uma reputação horrível. São tolas. Ou cegas. Ou sempre se perdem. Ou se assustam com tudo.

Por outro lado, nessa passagem, as ovelhas são importantes. Elas têm discernimento; conhecem a voz de seu cuidador e o seguem. E são astutas — não se deixam enganar por um impostor. Avistam o estranho a um quilômetro de distância e fogem porque são sensatas.

Ovelhas — elas são semelhantes a nós?

Talvez em nossos dias bons. É incrivelmente difícil ouvir a voz de Deus em nosso mundo agitado, correndo um quilômetro por minuto. A internet tem som alto. As notícias têm som alto. Nossa música tem som alto. Nossos filhos falam alto. Nossos problemas falam alto. Nossas distrações falam alto.

E a voz de Deus é descrita como "o som de um suave sussurro" (1Reis 19:12). Não é de admirar que perdemos muita coisa.

———

Quando tive meu primeiro bebê, uma menina, fiquei espantada com uma coisa. Ou melhor, com muitas coisas: seus pequenos guinchos, seus suspiros cativantes, seus pequenos lábios rosados. E o volume surpreendente de seus arrotos, como se fossem de *um adulto mal-educado.* Mas voltando ao assunto. De alguma forma, embora tivesse apenas alguns dias de vida, ela parecia reconhecer minha voz.

Os recém-nascidos são fascinantes, mas, sejamos realistas, eles não fazem muita coisa. Dizem que o primeiro mês de vida é realmente o décimo mês de gravidez; os bebês não estão prontos para o mundo, mas são grandes demais para permanecer no útero. (Quando estava grávida de Charley — que veio ao mundo com quase 4,5 quilos —, minha barriga cresceu tanto que meus colegas de trabalho diziam que ela entrava na sala trinta segundos antes de mim.)

Nas primeiras semanas, os recém-nascidos passam a maior parte do tempo dormindo e chorando, e mal abrem os olhos. Mesmo quando os abrem, não conseguem ver muita coisa. Mas os bebês conseguem ouvir — e muito mais do que ouvir apenas o barulho e o vozerio indistintos do mundo. Na época em que nascem, muitos recém-nascidos reconhecem o som da voz de seus pais. Nas primeiras semanas de vida de Vale, eu, às vezes, podia jurar que via isto acontecer: aquela trouxinha de carne, com apenas alguns dias de vida, pálpebras bem fechadas, reagindo — se mexendo, mudando de posição, olhos piscando — quando ouvia minha voz entrando no quarto.

Há um ponto a ser destacado. Como minha filha recém-nascida parecia reconhecer a voz de sua mãe no momento em que chegou ao mundo? Porque havíamos passado muito tempo juntas. Estivemos intimamente ligadas. Inseparáveis — literalmente. Ela conhecia minha voz em qualquer lugar.

O mesmo ocorre com nosso relacionamento com Deus. Se queremos reconhecer a voz de Deus, é preciso existir uma conexão íntima. Momentos passados juntos, priorizando o tempo com ele. Precisamos viver em função de Deus, da mesma forma que um bebê faz com sua mãe.

Se queremos reconhecer a voz de Deus, é preciso existir uma conexão íntima. Momentos passados juntos, priorizando o tempo com ele. Precisamos viver em função de Deus.

Podemos ampliar a metáfora um pouco mais (sim, vamos lá!). Lembre-se de alguém que você conhece bem. Marido ou esposa, irmão ou irmã, pai ou mãe. Além de reconhecer a voz dessa pessoa, você conhece o tom de voz dela. Conhece suas inflexões. Sabe o que ela está dizendo — mesmo que não diga diretamente. Por exemplo, quando pergunto ao meu marido: "Você quer levar as crianças para a cama esta noite?", estou realmente dizendo: "Você deve levar as crianças para cama esta noite". Não é um pedido. Ele me conhece muito bem para saber o que quero dizer. (Felizmente, Deus não é passivo-agressivo.)

Estar em silêncio para ouvir a voz de Deus significa que precisamos de mais do que um lugar silencioso; precisamos aquietar nosso espírito e nossa alma. Precisamos abrir espaço para ele; apenas mostrar que estamos presentes — coração aberto, ouvidos atentos.

E, a propósito, tranquilidade é difícil. Silêncio é difícil. Esse não é um pré-requisito ou mais um limite impossível que temos de atravessar antes que Deus fale. Mas que torna mais fácil ouvi-lo quando ele fala.

———

Ao longo dos anos, acho que ouvi a voz de Deus talvez uma vez ou duas no máximo. E não foi uma alta e estrondosa voz de Deus da *Voz de Deus* [gravadora]. Foi um pensamento firme, surpreendente e quase intruso que aparentemente parecia surgir de algum lugar fora de mim.

Kristin Chenoweth, atriz da Broadway, disse-me certa vez que, para ela, a voz de Deus é parecida com uma "marca de mão" em seu coração, uma impressão que ela sente, que vem de dentro dela.[11] Gosto dessa descrição.

63

Talvez você se pergunte: Como você sabe que a voz que ouve não é apenas um diálogo interno? Ou pior, um pensamento autoconsolador ou ilusório?

Não tenho um mecanismo de segurança contra falhas para me proteger disso. Mas, em minha experiência, quando ouço a voz de Deus, ela geralmente diz algo que nunca esperei que ele dissesse. É algo estranho para mim, consistente com quem é Deus, repercute a Bíblia e nem sempre diz o que desejo ouvir.

———

Alguns anos atrás, quando eu tinha por volta de 35 anos de idade, atravessei um período difícil em minha vida pessoal. Orava dia após dia. Escrevi em meu diário, busquei refúgio nas Escrituras, supliquei a Deus que me desse uma resposta. As orações variavam de acordo com a angústia do dia, mas giravam em torno do mesmo pedido: salva-me, liberta-me, ajuda-me, resgata-me. Fiz essa oração dia após dia, semana após semana, ao longo de meses que se transformaram em anos. Nada parecia mudar. Então, um dia, recebi uma resposta surpreendente. Um pensamento colidiu com minha consciência como se fosse um cometa, tão chocante e inesperado que me fez parar onde estava.

"Eu estou resgatando você."

Eu sabia que esse pensamento não viera de dentro de mim, porque essa era a última coisa que eu esperava ou na qual acreditava. Não me senti resgatada naquele momento. Ao contrário. Senti-me abandonada e sozinha. Mas alguém — Deus? — parecia me dizer que estava, de fato, trabalhando para me resgatar.

Não posso dizer que esse pensamento me consolou no momento — não exatamente. Mas era impossível descartá-lo. Sua autoridade e imprevisibilidade forçaram-me a levá-lo a sério. E se Deus estiver de fato me resgatando? Agora? Neste momento? Em meio ao meu sofrimento? Em tempos difíceis, quando nada parece melhorar? A frase não me saía da cabeça. Por um pouco de tempo, eu me senti bem, imaginando que Deus parecia estar se comunicando comigo. Pelo menos estava dizendo: "Estou aqui. Não me esqueci de você." Mais tarde, os anos decorridos, a distância e a perspectiva me ajudaram a entender melhor. Naquele momento, quando Deus disse: "Eu estou resgatando você", ele estava dizendo algo mais ou menos assim:

Este, Savannah. Este é o resgate.

Este momento, este sofrimento, esta angústia — este é o caminho para a libertação. Este é o caminho que a libertará. Porque isto é o que a forçará a mudar.

É assim que eu a estou resgatando.

(Spoiler: sim, ele me resgatou.)

— O porteiro abre-lhe a porta, e as ovelhas ouvem a sua voz. Ele chama as suas ovelhas pelo nome e as leva para fora.

João 10:3

Voltando às ovelhas.

Amo essa parte da Escritura. Ele nos chama pelo nome. Não significa apenas que ele sabe quem somos. Ele sabe como nos alcançar. Nosso Deus sabe exatamente o que fala conosco.

Atualmente, ouvimos falar muito sobre "linguagens do amor". No casamento, principalmente, aprendemos que nosso cônjuge recebe amor de modo diferente do que nós. Minha linguagem do amor pode ser Mike colocando as crianças na cama para me ajudar. A linguagem do amor de Mike pode ser... uma massagem nos pés (não, Deus, por favor).

Deus conhece nossa linguagem do amor. Pense nas vezes em que você se sentiu tocado por ele. Talvez por meio de uma pessoa, de uma interação, uma canção ou uma cena de filme. Deus sabe o que nos comove. Sabe como conectar-se com o nosso coração. E não lhe faltam palavras. Às vezes, ele não precisa de nenhuma palavra.

Anos atrás, alguém que conheço me contou a história mais linda e impressionante sobre como passou a ter fé.

Seu nome era Susan. Foi estudante de pós-graduação dos 20 aos 30 anos de idade. Decidiu passar um ano na Irlanda. Encontrou uma cidadezinha em uma parte distante do país e mudou-se para lá para fazer seus estudos. Explicou-me que esse tipo de pesquisa acadêmica que estava fazendo exigia que ela vivesse, trabalhasse e interagisse com as pessoas, para fazer parte da comunidade delas. Um dia, um grupo de crianças em idade escolar atravessou a porta sem pedir licença, entrou em sua cozinha e perguntou-lhe sem rodeios por que ela nunca ia à igreja. "Você deve ser uma pecadora terrível", disseram-lhe com seu cativante sotaque irlandês.

> Deus sabe exatamente o que fala conosco.

Algum tempo atrás, eu lhe escrevi pedindo que me contasse a história de novo. Ela respondeu imediatamente.[12]

Bem, há muito, muito tempo, lá longe, muito longe, eu era estudante de pós-graduação em antropologia, viajando pelo mundo e aprendendo sobre outras culturas, mergulhando nelas. Morei em vários lugares e, por fim, escolhi a Irlanda como o lugar sobre o qual queria escrever minha dissertação. Em razão disso, morei em um remoto vilarejo de pescadores e aprendi a falar o idioma gaélico.

Eu tinha uma máquina de escrever manual e, após minhas experiências, sentava-me na cozinha grande e velha da casa da fazenda que eu alugava. Dali eu avistava um penhasco escarpado, onde as ondas batiam com força. Sentada ao lado de um fogão a carvão, eu fazia as minhas anotações. Um dia, um bando de crianças entrou na cozinha (as portas nunca eram trancadas e não havia necessidade de bater). Olhei para elas aguardando o que diriam, sem ter a menor ideia do motivo de estarem ali. Uma menina, pressionada a falar pelo grupo, afirmou:

— A mamãe diz que você deve ser uma terrível pecadora.

— Por quê? — perguntei, assustada.

— Claro, porque você nunca vai à igreja.

— O quê?

— Claro, você nunca pôs os pés na igreja.

Percebi que não estava fazendo um bom trabalho para me misturar com o povo. Um dos princípios da pesquisa de antropologia é fazer parte do grupo de pessoas e do que você está estudando. Entendi que precisava aparecer na igreja do vilarejo, localizada no alto de uma pequena estrada, e misturar-me com seus frequentadores.

Não é fácil para uma garota judia criada para desviar os olhos ao ver uma cruz ("Ele não é o NOSSO Salvador"... "Deus não assume forma humana" etc.). Não é fácil quando se trata de uma igrejinha e você não sabe nada sobre como se portar em um culto da igreja. E é ainda mais difícil quando você não entende nada do que estão dizendo, porque a missa é em gaélico. O gaélico que eu estava aprendendo era coloquial, somente o que era necessário para pedir uma bebida na estalagem ou comprar comida no mercado. Meu gaélico era bem-intencionado e sincero, mas extremamente limitado.

Sentei-me para assistir à missa, espremida entre algumas mulheres em um banco apertado. A igreja era a mais simples que eu havia visto. Estive em catedrais imponentes — Londres, Paris, Nova York, Roma... mas como turista. Aquela igrejinha era uma construção de um cômodo, como uma sala de aula, de paredes pintadas de branco, bancos de madeira, uma pequena janela no alto, atrás do altar, através da qual entrava uma luz dourada. E uma cruz simples de madeira, sem a figura assustadora de Jesus morto, pendurado nela. Eu conseguia olhar para ela. Queria olhar. A simplicidade da igreja, a luz pura e encantadora, a sensação de formar uma unidade com as pessoas que estava aprendendo a conhecer, como o carteiro, o diretor da escola, o lavrador, me enterneceram. Éramos todos um, um coração batendo junto, como se fosse um só. A sensação de estar unida em prol de um bem maior abriu meus olhos e abriu meu coração. Sentei-me e fiquei ouvindo, sem entender uma só palavra. Mas amei o som...

No decorrer da missa, senti paz no coração e um silêncio na alma como nunca havia sentido. Era como se Deus estivesse aquecendo meu interior com suas mãos, e eu podia senti-lo. Podia ouvi-lo. Podia sentir a paz de Cristo que excede todo o entendimento humano, embora não soubesse expressar esse sentimento na época. Mas podia senti-lo.

Minha amiga Susan não passou a crer imediatamente. Na verdade, seu caminho em direção à fé foi uma jornada torturante que durou anos. Mas começou ali, naquela pequenina igreja na Irlanda. Nunca me esqueci dessa história — uma jovem, de religião completamente diferente, que conheceu a Deus sentada em uma igreja simples, ouvindo uma missa em palavras que ela praticamente não entendia. Mas Deus fala a nossa língua. Na verdade, na língua particular do coração de cada ser humano, ele é fluente.

Então, o que a voz de Deus está lhe dizendo? Bom, o assunto é entre você e ele, certo?

Voltando, porém, à metáfora que Jesus amava, isso está bem claro. O pastor chama as ovelhas. Em sua forma mais simples, Deus está sempre chamando. Ele sabe o nosso nome.

Se ouvirmos realmente, conheceremos sua voz. E sempre, resumindo em sua própria essência, ele está dizendo uma coisa: "Venha comigo".

CAPÍTULO 9

ESTREITA PROXIMIDADE COM DEUS

Estou fazendo de novo aquela meditação pelo aplicativo. *Lectio Divina*. O narrador lê três vezes o trecho da Escritura, intercalados com longos períodos de silêncio. Depois da leitura final, a voz se dirige ao ouvinte: "Agora, deixe de lado qualquer atividade e descanse com Deus".

Eu tento. Tento de verdade.

Descansar, descansar, descansar. Aqui estou, descansando. Descansando com Deus.

Preciso me apressar, descansar e prosseguir com o meu dia.

Descanse, agora!

A mente divaga, como um bebê, engatinhando para fora do tapete.

Tento criar uma imagem visual. Como seria descansar com Deus? Como imaginar descansando com Deus? É uma luta. Mesmo em pensamento, não consigo encontrar um lugar confortável. Tento deitar-me em um tapete sobre o gramado, olhando para cima, vendo o céu azul. Coloco Deus ao meu lado, olhando para cima também. Será que ele está segurando minha mão?

Não. Apague isso. Estou sentada com o corpo ereto, em uma cadeira, mas a cadeira é confortável e reclinável, ou talvez seja um sofá, e ele está sentado ao meu lado. Estamos ombro a ombro, braços ao lado do corpo, nossos dedos mindinhos se tocando. Sento-me ali por um minuto. Eu e Deus. Parece estranho. Como se fosse um encontro que não deu certo. Não parece relaxante nem reconfortante.
Descanse com Deus; apenas descanse com Deus.

Não estou descansando.

Quando minha filha não consegue dormir, ela faz questão de que os outros também não durmam. Invade o meu quarto no exato momento em que meus olhos começam a ficar pesados. "Mãe, não consigo dormir. Preciso de ajuda! No que devo pensar?" *Ora, como posso saber?*, resmungo para mim mesma. "Pense em cavalos, carrosséis ou arco-íris", eu lhe digo. "Pense em cavalos em carrosséis feitos de arco-íris. Não sei o que dizer para que você descanse, querida. Vá para a cama."

Agora eu sou ela. *Deus, no que devo pensar?*
Fico inquieta, me mexo.
Por que é tão difícil descansar?

Outro dia. Tentando a imagem visual de novo. Talvez eu esteja deitada em minha cama, de lado, joelhos dobrados, braços dobrados, mãos cruzadas em oração sob a cabeça. É assim que gosto de dormir. Posição fetal. Agora estou confortável — muito mais. Aconchegada, cobertores enrolados no corpo até os ombros. Mas onde colocar Deus na cena? Não gosto que ninguém encoste em mim. Descarto a ideia. Não quero que Deus encoste em mim.

Até o fato de pensar nessa proximidade me deixa nervosa.

Apenas descanse com Deus.

Ontem foi o Domingo de Páscoa. O versículo de hoje tem relação com as mãos perfuradas de Jesus — as pernas e braços com cicatrizes que ele ofereceu como prova aos discípulos céticos. *Flashback.* Eu imaginava segurar a mão de Deus quando era menina. Quando tinha medo, ou precisava de carinho, fechava os olhos e visualizava meus dedinhos envoltos em suas mãos quentes, macias e firmes.

De repente, do nada, uma imagem diferente invade minha consciência. Estou me lembrando das mãos de meu pai. Das palmas de suas mãos, especificamente. Eram muito macias. Será que eu havia esquecido que suas mãos eram muito lisas, macias e suaves — quase sem linhas? Se não há linhas, não há futuro próspero. Ele morreu com pouca idade, suponho. Faz muito tempo que não penso nas palmas das mãos de meu pai.

Aquiete-se, meu coração.

Descanse.

———

Não posso colocar Deus bem perto de mim, mesmo em minha imaginação.

Porque não há lugar capaz de contê-lo.

> Os céus declaram a glória de Deus; o firmamento proclama a obra das suas mãos.
>
> Salmos 19:1

Deus está na brisa, Deus está no ar. Deus está ao meu lado, invisível e em todos os lugares.

Deus está na minha respiração, quando inspiro e quando expiro.

Deus está nos meus ouvidos, quando ouço e quando escuto.

Imagino Deus como um som musical, uma única nota soando acima do barulho, continuando docemente, sem começo nem fim.

———

Respirando.
Escutando.
Mãos formigando.
Desconforto.
Liberando.
Sendo.
Ele está aqui.

Fique aqui neste momento e deixe Deus fazer o resto.

Deixe *Deus* fazer o resto.

Deixe Deus *fazer* o resto.

De repente, eu compreendo.

CAPÍTULO 10

ORANDO QUANDO NÃO CONSEGUIMOS ORAR

Todas as noites, quando Mike e eu colocamos as crianças na cama, nossas orações fazem parte do ritual. Normalmente, ele ora com uma das crianças, e eu oro com a outra. Trocamos no intervalo, quando nos cruzamos em frente do banheiro que eles compartilham e fazemos um "toca aqui" no momento da troca de crianças. (Estou brincando a respeito do "toca aqui".)

Nossas orações são sinceras, mas, a essa altura, um pouco mecânicas.

Querido Deus, nós te agradecemos por este dia, pela mamãe, pelo papai, pela Vale e pelo Charley — pela nossa família. Nós te agradecemos pelo [oração por todos os parentes]. Amado Senhor, ajude a Vale e o Charley a se lembrarem de que são amados e protegidos, que estão cercados pelos teus anjos, que são preciosos e adorados. Ajuda-nos a ser o melhor que pudermos, lembrando-nos de compartilhar tudo o que temos. Agora te pedimos que concedas paz e acalmes a Vale e o Charley. Que eles descansem sabendo que Deus os ama e que a mamãe e o papai também os amam. Amém.

Gostaria de dizer que nossos filhos extraordinários ouvem com atenção e consideração, com a cabeça curvada em profunda reverência. Como se fossem interjeições ininterruptas com preocupações espirituais, tais como: "Tenho aula de ginástica amanhã?" ou "Posso comprar tênis novos?" ou "De quantos centavos eu preciso para ter 1 dólar?" Quase sempre a hora de dormir é precedida de uma briga "memorável" entre irmãos, uma crise emocional explosiva ao estilo Chernobyl ou apenas um mau comportamento rotineiro (*Não* estou cansado!"). Nessas ocasiões, eu improviso: "E, Deus, peço por favor que ajudes Charley a se lembrar de que morder sua irmã é errado", ou: "Amado Senhor, ajude a Vale a não ser insolente, a ser gentil e cuidadosa com suas palavras".

É uma oração, com segundas intenções. Lembro-me da história que Jesus contou sobre a oração dos fariseus.

> A alguns que confiavam na sua própria justiça e desprezavam os outros, Jesus contou esta parábola:
> — Dois homens subiram ao templo para orar; um era fariseu, e o outro era publicano. O fariseu, em pé, orava no íntimo: "Deus, eu te agradeço porque não sou como os outros homens — ladrões, injustos, adúlteros — nem mesmo como este publicano. Jejuo duas vezes por semana e dou o dízimo de tudo quanto ganho".
>
> Lucas 18:9-12

Gosto desse sujeito! *Obrigado, Senhor, porque não sou como todas essas pessoas muito mais deploráveis!* Poderíamos dar uma boa e gostosa gargalhada desses tolos fariseus se não fôssemos exatamente como eles. Quando brigamos com alguém ou sentimos mágoa ou raiva das pessoas mais próximas de nós, nossas orações podem adquirir este sentido. "Por favor, Deus, ajude o Joe a entender que ele está errado"; "Oro, Senhor, para que ajudes Maggie a eliminar suas tendências ao egocentrismo e vitimização"; ou "Que o Senhor conceda uma nova perspectiva e sabedoria sobrenatural à tia Bev [... para que ela comece a concordar comigo]". Grandes *vibes* farisaicas.

Não haveria nenhum problema se as pessoas por quem oramos fossem apenas alguém que conhecemos ou colegas de trabalho sem vínculo conosco. Porque provavelmente não oraríamos. Contudo, quase sempre recorremos à oração em momentos de desespero, quando estamos em conflito com as pessoas com as quais mais nos importamos e há uma luta atormentando nosso coração e nossa alma. Esses são os casos difíceis, as situações tensas, as que nos corroem. Em outras palavras: família (geralmente). Marido, esposa, mãe, pai, irmãs, irmãos, tias, tios, primos, parentes — escolha o seu veneno. A longa história, os traumas compartilhados, a intensidade da conexão e a gravidade dos riscos emocionais — é isso que torna esses sofrimentos tão persistentes e tão impossíveis de menosprezar. É nessas ocasiões que mais precisamos orar. E muitas vezes esses são os momentos mais difíceis para orar.

Em suas memórias, a escritora e professora de estudos bíblicos Beth Moore disse que seus irmãos e irmãs tinham "fatias diferentes dos mesmos segredos [...] em nossos pratos".[13] Muitas famílias têm fatias diferentes das mesmas mágoas, o que produz decepção e desconfiança — mesmo quando se amam profundamente.

Nesses momentos difíceis, Deus pode ser o caminho para voltarmos a nos entender. Quando oramos por alguém, podemos saber e crer verdadeiramente que nossas intenções mútuas são boas, que o nosso alicerce é o amor, que temos integridade em nossas lutas, que estamos dispostos a enxergar nossos próprios erros, e que estamos comprometidos com nosso relacionamento por muito tempo. Para sempre.

A autora Shauna Niequist escreveu sobre conflito e oração em seu livro *I Guess I Haven't Learned That Yet* [Acho que ainda não aprendi isso].[14] Shauna e eu frequentamos a mesma igreja em Nova York, e certa vez ouvi um sermão dela sobre o assunto. Ela disse algo que mudou meu modo de pensar a respeito da oração: quando você não tem palavras, use as que tem. Ore com sua imaginação.

Nesses momentos difíceis, Deus pode ser o caminho para voltarmos a nos entender.

Às vezes, quando meus sentimentos me traem, quando me sinto distante, com raiva ou com medo de ser vulnerável diante das pessoas com quem mais convivo, quando as palavras estão além de mim, oro com a imaginação. Imagino meus filhos em paz e contentes. Seguros. Sem brigar! Imagino meu marido satisfeito e descansado de verdade. Visualizo seu rosto e o vejo em um ambiente tranquilo. Visualizo minha mãe, alegre, serena, contemplando a bela paisagem deserta que ela ama. Ou meu irmão mais velho, o piloto e aventureiro da família, voando em novas alturas (literalmente). Minha irmã, uma magnífica escritora, divertindo-se na mata onde ela mais se sente à vontade, ou talvez no alto de um monte, assimilando sua imponência e criando mais um poema em sua mente brilhante.

Não há segundas intenções nessas orações, a não ser a alegria que sinto ao me lembrar da alegria das pessoas que amo, buscando sua doce presença em minha mente. Não sei se o sentimento delas é igual ao meu e se isso muda alguma coisa para elas, mas provoca uma mudança em mim. O amor lava-me por inteiro, meu coração amolece, meus medos desaparecem. A atmosfera entre nós muda, embora estejamos a milhares de quilômetros de distância. Shauna disse que é como um exercício de ioga quando respiramos em um alongamento e descobrimos que podemos ir mais longe do que imaginamos.[15]

Não há palavras capazes de expressar completamente esse milagre. Ele é, com todo o respeito, divino. Mas, repetindo, é Deus quem pode fazer "infinitamente mais do que tudo o que pedimos ou pensamos" (Efésios 3:20).

CAPÍTULO 11

O SALMO 23

Quando eu tinha por volta de dez anos de idade, passei uma semana na casa de meus primos. Eles moravam em outra terra — Phoenix! — cerca de duas horas de carro de Tucson, Arizona, minha cidade natal, em direção ao norte. Minha prima-irmã Teri Stauffer é sobrinha de meu pai, mas pelo fato de ela ser vinte anos mais velha do que eu, sempre a considerei uma tia. Seus três filhos, Paige, Charley e Holly, são meus primos em segundo grau, com idades muito mais próximas à minha. Eles são como irmãos para mim. Crescemos juntos. Nossas famílias trocavam fins de semana uma na casa da outra. Passávamos longos dias na piscina, brincávamos de nos fantasiar, inventávamos peças de teatro ou corríamos pelo deserto, com os joelhos arranhados e sangrando por passarmos rente aos espinheiros e com o nariz vermelho por causa do sol escaldante.

Mais ou menos uma vez por ano, no verão, a prima Teri planejava "sequestrar" minha irmã e eu. O "sequestro" era mais ou menos assim: os primos nos visitavam por alguns dias em nossa casa em Tucson e, então, na manhã de sua partida, Teri nos acordava bem cedo, quando ainda estava escuro, pedindo silêncio enquanto fugíamos. Nós todos nos amontoávamos em sua camionete de resistência duvidosa e seguíamos rumo ao norte, sob o céu riscado de cor laranja e rosa enquanto o sol nascia acima da paisagem deserta e sem cor. Em algum lugar entre Phoenix e Tucson, Teri fazia uma parada e permitia que Annie e eu ligássemos para casa a cobrar. "Mãe! A prima Teri nos sequestrou e está nos levando para a casa dela!" Minha mãe fingia estar apavorada, protestando que ficaria com muitas saudades de nós e depois nos garantia que ia nos resgatar dali a alguns dias.

Nossas duas famílias eram muito próximas em todos os sentidos: no geográfico, no relacionamento e na fé — o laço que nos ligava com muito mais intensidade. Tínhamos uma espécie de vida espiritual paralela — frequentávamos a igreja, fazíamos parte do coral, trabalhávamos como voluntários na escola dominical e como professores de estudo bíblico. (Um dia, a família Stauffer inteira mudou-se para o Brasil para plantar uma igreja, e todos se tornaram missionários em tempo integral. Outra história para outra ocasião.)

Os três filhos de Teri, meus primos, eram alguns anos mais novos que minha irmã e eu, e naquelas aventuras de "sequestro" Teri imaginava que Annie e eu éramos mais experientes e crescidas do que na verdade éramos. Certa vez, comecei a chorar na hora do café da manhã porque Teri, depois de cortar a comida de seus filhos, passou direto pelos nossos pratos.

— Por que você está chorando? — ela perguntou, assustada.

— A minha mãe corta as panquecas para *mim*! — respondi.

Ela sorriu e apertou-me de leve.

— Sinto muito! Às vezes, esqueço que você ainda é muito pequena!

Na época, eu tinha mais ou menos cinco anos de idade. Mas à medida que o tempo passava e a tradição tão boa do verão continuava, passei a gostar de me sentir um pouco mais velha, ser independente de meus pais; fazia parte da mágica de estar longe de casa. Lembro-me de observar em silêncio enquanto Teri completava suas tarefas matinais. Um dos rituais que ela amava era tomar café com a vizinha do outro lado da rua. Às vezes, ela me deixava acompanhá-la. Ainda vejo quando sentávamos em volta da mesa da cozinha de Najwa, tomando "café" (quase sempre ela me servia leite quente em uma caneca), enquanto duas pessoas adultas conversavam. A conversa não me dizia respeito, mas eu amava passar tempo com as duas.

Foi em uma dessas manhãs que Teri me fez conhecer o salmo 23 — uma passagem que carregarei comigo pelo resto da vida. Ela colocou sua Bíblia em minhas mãos e pediu que eu lesse e memorizasse. Fiquei intrigada e com uma pontinha de orgulho. Para mim, foi como se ela tivesse dito: "Acho que você tem idade suficiente para lidar com isto" — um voto de confiança em minha mente e em meu coração.

Até hoje, não sei por que ela escolheu aquela passagem. O salmo 23 é famoso, fiquei sabendo depois, mas não é fácil. É assustadoramente longo para uma criança "memorizar os versos" e, para culminar, a versão que ela me deu era a da Bíblia King James, com suas palavras antigas e esquisitas.

O SENHOR é meu pastor, nada me falta.
Ele me faz deitar em verdes pastos; ele me conduz ao lado das águas serenas.
Ele restaura a minha alma; me guia no caminho da justiça por causa do seu nome.
Sim, ainda que eu ande pelo vale da sombra da morte, não temerei mal algum; porque tu estás comigo; tua vara e o teu cajado me consolam.
Tu preparas uma mesa para mim na presença dos meus inimigos; tu unges minha cabeça com óleo; meu cálice transborda.
Certamente a bondade e a misericórdia me seguirão todos os dias da minha vida, e eu habitarei na casa do SENHOR para sempre.

Salmos 23, BÍBLIA KING JAMES

O significado dessa longa passagem era evasivo e quase impenetrável para mim. "Ele restaura a minha alma" — o quê?; "tu unges a minha cabeça com óleo"... parecia desagradável. Mesmo assim, aceitei o desafio. Memorizei as palavras que mal compreendia. Inexplicavelmente, elas ficaram gravadas em mim.

O salmo 23 é o meu salmo. Ele é meu amigo e meu ajudador: um presente que Deus me deu quando criança e me permitiu redescobri-lo, ano após ano, sempre encontrando algo novo sob a superfície. É como uma pedra preciosa exposta inesperadamente sob um raio de luz, revelando novas facetas e cores brilhantes.

E o salmo 23 é nosso código secreto entre Deus e eu. Às vezes, em momentos de necessidade, ele aparece do nada — uma pequena anotação vinda do alto. Na primeira vez que meu pastor me pediu que falasse em nossa igreja, sem especificar o tema do sermão, fiquei aterrorizada e intimidada, considerando-me uma grande impostora. Sabe qual foi o hino escolhido naquela manhã pelo líder responsável pelas músicas? Uma adaptação musical do salmo 23. Sorri interiormente. Mensagem recebida, de uma forma que somente eu e Deus entendíamos. *Eu estou aqui. Eu estou com você.*

Porém, na verdade, o salmo 23 é o salmo de todos nós. É famoso por um motivo, mantendo interesse e relevância ao longo do tempo e gerações, capaz de ser interpretado e reinterpretado. É a *Mona Lisa* da Bíblia; afaste-se um pouco dele e você poderá vê-lo sob uma luz completamente diferente. Livros inteiros têm sido dedicados às suas passagens cativantes.

O SENHOR é o meu pastor; de nada terei falta.

Todas as nossas necessidades são supridas — pelo próprio Deus.

Ele me faz repousar em pastagens verdejantes e me conduz a águas tranquilas;

Nossa necessidade física — de alimento, água, sustento — é suprida.

restaura-me o vigor. Guia-me pelas veredas da justiça por amor do seu nome.

Nossa necessidade espiritual — de significado e propósito — é suprida.

Mesmo que eu ande por um vale de densas trevas, não temerei perigo algum, pois tu estás comigo; a tua vara e o teu cajado me confortam.

Nossa necessidade de segurança é suprida.

Preparas um banquete diante de mim na presença dos meus inimigos.

Nossa necessidade de identidade é suprida — os escolhidos de Deus!

e o meu cálice transborda.

Nossa necessidade de aguardar o futuro com tranquilidade é suprida.

Certamente a bondade e o amor leal me seguirão todos os dias da minha vida,

Nossa necessidade de esperança é suprida.

e habitarei na casa do SENHOR para sempre.

Nossa necessidade de vida eterna é suprida.

Em sua essência, o salmo 23 é um salmo de descanso. Acho que recitar o Salmo do Pastor em uma noite de insônia é muito melhor do que contar carneirinhos. Nessas horas longas e escuras de se mexer e virar na cama, com medo de ouvir o toque do alarme que se aproxima a cada olhada no relógio, lembro-me desesperada do meu salmo. Recito-o para mim mesma, refazendo seus longos e sinuosos caminhos em minha mente. Isso é feito em etapas porque meus pensamentos inevitavelmente se perdem em preocupações e distrações. Mas, com delicadeza, dou um cutucão em mim e volto às palavras, como um pastor reconduzindo uma ovelha perdida para casa. E, inevitavelmente, o sono chega.

Outras vezes, completamente acordada e atormentada pela ansiedade, recorro a esse salmo para meditar, uma forma de treinar meu foco e afastar os pensamentos das preocupações e dos medos. Você já notou que as preocupações terrenas assumem proporções gigantescas quando estamos deitados na cama, em nossos momentos mais vulneráveis? Coisas corriqueiras — por exemplo, devo fazer os *cupcakes* em casa para a festa de aniversário do meu filho ou comprá-los prontos? — assumem uma importância agonizante na escuridão da noite. De manhã, acordo e me pergunto: "Para que tudo aquilo?" (E decido comprá-los prontos, claro!)

Em noites como essas, às vezes fecho os olhos e desenho cada verso do meu salmo, e desvio meus pensamentos ansiosos visualizando cada cena: as pastagens verdejantes, a água correndo. Imagino um céu azul brilhante, a sensação de terra firme embaixo de mim, uma brisa suave e o calor do sol em meu rosto. As cenas tranquilas do início do salmo 23 são um espaço encantador para convidar uma mente inquieta a sentar-se por um momento.

Agora essas imagens estão enraizadas em mim; passaram a representar a própria presença de Deus, como ela deve ser e como senti-la. Esse lugar sereno e tranquilo é minha base espiritual. E passei a entender que o salmo oferece um descanso mais amplo que o descanso físico, muito mais amplo que um alívio momentâneo da exaustão. Fala de um alívio da própria condição humana.

O descanso verdadeiro e espiritual vem quando deixamos de nos sentir extremamente agitados e desesperados para cuidar de nós mesmos, agarrados a uma sensação de carência e medo. O descanso verdadeiro vem quando sabemos quem somos: amados de Deus e cuidados por ele. Em outras palavras, esse salmo está dizendo: *Você pode relaxar agora. Deixe de lado suas ocupações e esforços; pois Deus está aqui, presente e suprindo suas necessidades.*

Minha filha nasceu em 2014, e decidimos não saber antecipadamente qual era o sexo do bebê. Por algum motivo, no entanto, achamos que era um menino e nunca pensamos em escolher nomes femininos. Imagine nossa surpresa quando ela nasceu e o médico disse: "É uma menina!". Encantados, muito felizes e eu um pouco confusa em razão dos analgésicos, tivemos de inventar um nome para a menina — rapidamente. Muito tempo antes, ouvi o nome Vale de passagem e sempre o amei. Milagrosamente, Mike também gostou do nome. Raro, mas digno, não muito moderno ou confuso. Com esse nome, ela poderia ser poetisa ou secretária de Estado. Nome decidido. Vale.

Eu não sabia muito a respeito da origem do nome, a não ser que era uma palavra inglesa antiga, não muito usada, que significava, em essência, "vale de paz". Mais tarde, vi o nome aparecer em hinos antigos da igreja ("campos e florestas, vales e montes... louvando-te eternamente!")[16] e fiquei encantada. Apenas recentemente — anos após seu nascimento! — ocorreu-me que o nome dela fazia lembrar as próprias imagens do salmo 23 que sempre amei. O que é um campo de paz, uma pastagem verdejante ao lado de águas tranquilas, senão um vale? Deus não é fascinante?

O descanso verdadeiro vem quando sabemos quem somos: amados de Deus e cuidados por ele.

Encontrei por acaso uma preciosidade escondida nas páginas de um antigo diário, rabiscada descuidadamente em folhas soltas de um bloco de anotações (nas quais havia o logotipo de meu escritório de advocacia, identificando-a como escrita por volta de 2003).

O salmo 23 com minhas palavras:

> O próprio Deus cuida de mim; todas as minhas necessidades são supridas. Ele me faz relaxar, descansar, abrir mão do controle e sentir seu carinho me envolver, como se fosse um gramado refrescante. Aonde ele me conduz, encontro paz; ele me mostra tranquilidade e calma. E me devolve tudo aquilo que o mundo tomou de mim; remenda com amor os retalhos do meu coração. Ele vai adiante de mim, abrindo um caminho de bondade e justiça, aplainado por suas pegadas e testado com sua presença. O caminho que ele abre dará significado à minha vida, para que eu possa honrar o seu nome. Mesmo que eu me veja diante da morte ou enfrente

uma vida de trevas e desespero, dúvida e medo, serei milagrosamente liberta: confiante, apesar das circunstâncias; vitoriosa mesmo quando o mundo desmoronar ao meu redor. Penso no imenso poder de Deus, em seu poder de dar vida, criar a terra e sustentar o Universo, e sinto-me reconfortada porque aquele que sustenta o mundo também me sustenta. Deus derrama seu favor sobre mim, me abençoa profusamente e me deixa perplexa com riquezas de todos os tipos. Ele me escolheu no meio de uma multidão e me amou exageradamente — e em público para que o mundo inteiro visse. Tenho muitas bênçãos para contar, e meu coração está repleto de amor por aquele que me abençoa. Por causa disso, porque Deus mostrou seu amor e devoção a mim, porque me salvou por nenhum outro motivo, mas apenas porque ele tem esse poder, e porque ele me salva todos os dias e me carrega ao longo desta vida, estou certa de que ele não me abandonará e que sua bondade, amabilidade, graça e compaixão também estarão comigo durante todos os dias da minha vida. E sei que ele me acolherá em casa, a filha que retornou ao Pai, e verei que ele reservou um espaço para mim e me convidou a permanecer ali para sempre.

As palavras de Deus têm esta finalidade: devem ser provadas e saboreadas longamente. Suas palavras têm a finalidade de ser ingeridas e absorvidas em nossa corrente sanguínea. Têm a finalidade de ser parte de nós. Seja qual for o seu "salmo 23" — um texto bíblico, uma citação, um cântico —, se ele falar à sua alma, é bem provável que Deus esteja falando com você.

O descanso verdadeiro
e espiritual vem quando
deixamos de nos sentir
extremamente agitados e
desesperados para cuidar de
nós mesmos, agarrados a uma
sensação de carência e medo.

A palavra de Deus não é um livro de referência em uma biblioteca que tiramos da prateleira quando precisamos de informações. Não há nada inanimado ou teórico nessas palavras. As palavras de Deus [...] atingem-nos onde vivemos. No momento em que sabemos disso, que Deus fala conosco, a alegria é espontânea.[17]

Eugene Peterson, *Living the Message* **[Vivendo a Mensagem]**

CAPÍTULO 12

UM LINDO DIA NA VIZINHANÇA

O filme sobre Mister Rogers foi lançado há alguns anos. Tom Hanks interpretou o maestro que vestia um cardigan. (Elenco perfeito com certeza.) O filme aborda principalmente a história de como o pastor de Pittsburgh, de maneiras suaves, se tornou o rolo compressor da televisão pública e ícone americano.

Lembro-me de ter visto Mister Rogers na televisão quando era pequena. Eu gostava do modo com que ele jogava seus tênis no ar enquanto os trocava por sapatos e de como seus cardigans eram pendurados totalmente em ordem no armário do *hall*.

Gostava da terra do faz de conta e do carteiro que sempre passava por lá.

Curiosamente, uma de minhas primeiras (e talvez mais dolorosas) lembranças inclui Mister Rogers. Eu passava somente meio período no jardim de infância, e meus irmãos e irmãs ainda estavam na escola, quando uma tarde, minha mãe, na tentativa de aliviar meu tédio, ligou a televisão da sala de estar para eu assistir ao programa *A vizinhança de Mister Rogers*. Ainda me lembro daquela televisão antiga e pesada, com duas antenas apontadas sem muita firmeza, uma para a esquerda e outra para a direita, um botão para o volume, um botão para mudar de canal. Ah, os bons e velhos dias em que você atravessava literalmente a sala para mudar de canal. Talvez fosse por isso que minha irmã e eu nos deitávamos no tapete, bem perto da televisão. "Meninas!", minha mãe gritava. "Para trás! Vocês vão ter problemas nos olhos!" Mas estou divagando.

Minha mãe mal sabia que seus bons conselhos produziam em mim um sentimento profundo e sufocante de tristeza e pesar. "Estou velha demais para ver Mister Rogers", eu pensava. "Mas mamãe não sabe disso. Ela acha que ainda sou bebê." Eu ficava triste e com pena dela e me sentia culpada porque ela não percebia que eu estava crescendo. Decidi dizer a ela que gostava muito, muito mesmo, de assistir ao programa. (Terapeutas, preparem-se para entrar em ação.) Não é divertido nos lembrarmos dos momentos da infância?

Não importa.

Todos conhecem Mister Rogers como uma presença gentil e um educador criterioso, mas ele era também um homem de muita fé — um pastor presbiteriano por formação. Por ser um homem de hábitos e práticas meticulosos, Mister Rogers tinha

Orar nominalmente em favor de cada um é um ato de amor, um ato de grande significado, um ato de esperança. Apresentar as pessoas que amo diante do Deus em quem confio atrai-me para mais perto dele e delas.

uma rotina regular de oração. Orava pelas pessoas que conhecia, todos os dias, mencionando seus nomes.

Neste momento, você deve estar pensando: "Ótimo, obrigado. Mais um entre 10 bilhões de motivos para eu nunca querer ser tão santo quanto Mister Rogers. Grito com meus filhos e com certeza não oro todos os dias em favor de cada pessoa que faz parte da minha vida".

É o que eu pensaria se não tivesse visto uma cena extraordinária no filme *Um lindo dia na vizinhança* de Mister Rogers, ajoelhado ao lado de sua cama, com as mãos cruzadas, cabeça curvada, recitando nomes.[18]

Cecilia Sherman.

Colby Dickerson.

E a lista prosseguia. Você entendeu.

Era só isso. Nenhuma narrativa. Nenhuma história do passado. Nenhum pedido. Nenhuma explicação. Apenas... nomes. Um atrás do outro.

A ideia é comovente e poderosa. E instrutiva. Queremos sinceramente orar pelos outros — nossos amigos, família, colegas de trabalho, líderes. Mas a quantidade deles é impressionante, e mais difícil ainda qualquer tentativa de nos lembrar da necessidade de cada um. E, às vezes, as orações pelos outros são carregadas de emoção. Motivos variados. Prescrições. Julgamentos. Mesmo quando nossas intenções começam bem, é fácil desviar o rumo delas.

O que Mister Rogers fazia?

Algumas manhãs, eu cito nomes na oração, apenas nomes, exatamente como ele fazia. Sussurro o nome de meu marido para Deus e visualizo sua imagem. Mike. Depois os nomes de meus filhos. Vale. Charley. Visualizo um, depois o outro, com seus rostos adoráveis. Mamãe, Annie, Cam. Vejo-os na mente. Essa experiência de oração é surpreendentemente poderosa; enlaça-nos àqueles cujos nomes proferimos, alisando as asperezas. Orar nominalmente em favor de cada um é um ato de amor, um ato de grande significado, um ato de esperança. Apresentar as pessoas que amo diante do Deus em quem confio leva-me para mais perto dele e delas.

Quando o tempo é curto, a vida está atormentada, a mente distraída e nossos diálogos internos sobrecarregados, podemos dizer o nome de cada um, confiando em que Deus cuidará de todos.

TERCEIRA PARTE

LOUVOR

CAPÍTULO 13

MANTO DE LOUVOR

Que estilista você está vestindo?

Já fiz a cobertura de alguns eventos de grande prestígio. É terrível. Você fica em pé, espremido entre um amontoado de outros repórteres (e geralmente espremida dentro do vestido) e espera/deseja que as celebridades da lista. A o agraciem com sua presença absurdamente atraente por um rápido momento. A cena anterior ao evento das grandes premiações como Emmy ou Globo de Ouro é particularmente caótica. Os publicitários acompanham clientes magérrimos e luminosos, cujos movimentos são registrados por câmeras ao vivo dos dois lados, enquanto produtores de redes de televisão, ávidos por notícias, acenam para eles, com as mãos levantadas como se fossem alunos do curso primário ("Aqui, aqui, aqui!"), na esperança de que uma das estupendas celebridades se digne a parar. Essas "entrevistas" tão procuradas duram de 30 a 90 segundos. São como um encontro rápido demais e com menos chance ainda de uma interação genuína.

A única pergunta, que é feita repetidas vezes e tão presente nos eventos de tapete vermelho quanto o botox ou uma pontada de fome: "Que estilista você está vestindo?". Ela faz parte das finanças das celebridades, claro. As estrelas alugam roupas deslumbrantes imaginando que mencionarão o nome do estilista em todas as oportunidades possíveis. Vantagem para ambos!

Pessoalmente, não gosto dessa pergunta (e sim, já a fiz muitas vezes). Além de ser idiota, quem se importa com a grife do vestido? Gosto de coisas bonitas como qualquer pessoa (e os acessórios são o único motivo de ver essa gente importante do tapete vermelho), mas você não prefere saber por que elas escolheram esse determinado vestido? Quantos experimentaram? Se estivessem usando meias-calças modeladoras, quantos pares teriam sido? Qualquer coisa seria mais interessante que a grife de um estilista cujo nome não sabemos pronunciar.

"Que estilista você está vestindo?" Uma pergunta superficial e sem sentido. Mas e se for uma pergunta espiritual perspicaz?

"Que estilista você está vestindo?" Uma pergunta superficial e sem sentido. Mas e se for uma pergunta espiritual perspicaz?

O Espírito do Soberano SENHOR está sobre mim [...]. Ele me enviou [...] para consolar todos os que andam tristes [...] e dar a todos os que choram [...] uma bela coroa em vez de cinzas [...] manto de louvor em vez de espírito deprimido.

Isaías 61:1-3

Manto de louvor. Que tesouro enterrado em uma longa e famosa passagem de Isaías! Mas permita-me voltar um pouco.

[...] "Louvem ao SENHOR, invoquem o seu nome [...]."

Isaías 12:4

"Louvem ao Senhor." Essa exortação é mencionada em toda a Escritura. No Antigo e no Novo Testamentos, seja qual a versão utilizada, você a verá repetidas vezes.

"[...] Porque o SENHOR é grande e digno de todo o louvor [...]."

1Crônicas 16:25

> [...] ofereçamos continuamente a Deus um sacrifício de louvor [...].
>
> Hebreus 13:15

> Bendito seja o Deus e Pai do nosso Senhor Jesus Cristo, que nos abençoou com todas as bênçãos espirituais nas regiões celestiais em Cristo.
>
> Efésios 1:3

E ainda não chegamos aos salmos!

> Exaltem o SENHOR, o nosso Deus! Prostrem-se diante dos estrado dos seus pés [...].
>
> Salmos 99:5

> Todo ser que respira louve ao SENHOR! [...]
>
> Salmos 150:6

> Bendirei ao SENHOR em todo o tempo! O seu louvor estará sempre nos meus lábios.
>
> Salmos 34:1

> Bendiga ao SENHOR, ó minha alma, e todo o meu ser bendiga o seu santo nome!
>
> Salmos 103:1

> Deem graças ao SENHOR e invoquem o seu nome!
> Divulguem entre as nações o que ele tem feito!
>
> Salmos 105:1

> Bendigam ao SENHOR, vocês, os seus anjos, os poderosos que cumprem as suas ordens e que obedecem à sua palavra. Bendigam ao SENHOR, todos os seus exércitos, vocês, os seus servos, que cumprem a sua vontade. Bendigam ao SENHOR, todas as suas obras em todos os lugares do seu domínio. Bendiga ao SENHOR, ó minha alma!
>
> Salmos 103:20-22

Tudo bem! Mensagem recebida.

Provavelmente eu não deveria admitir, muito menos em um livro sobre fé, mas, às vezes, me pergunto — secretamente — *"Hum, o que há com todos os pedidos de louvor? Por que Deus está sempre pedindo elogios? Ele está em busca de honra? Nosso Deus é carente no sentido cósmico e eterno?"*

Esse pensamento irreverente girou no fundo de minha mente por muito tempo, embora eu estivesse muito envergonhada para confrontá-lo. Mas, claro, Deus conhece o que se passa em nosso coração. Portanto, quando deparei com esta expressão em Isaías — "manto de louvor" —, ela saltou da página.

Manto.

Se o louvor é um manto, quem o está usando? Nós. Somos aqueles que são adornados. Deus diz que devemos louvá-lo não pelo que o louvor faz para ele, mas pelo que o louvor faz para nós.

De repente, entendi. Se o louvor é um manto, quem o está usando? Nós. Somos aqueles que são adornados. Deus diz que devemos louvá-lo não pelo que o louvor faz para ele, mas pelo que o louvor faz para nós.

Descarga elétrica acompanhada de trovão e relâmpago. Quando contamos nossas bênçãos e lembramos dos motivos de nossa gratidão e de tudo o que é bom em nossa vida, somos os beneficiários. Isso aumenta o nosso ânimo e nos enche de alegria. Se existe outro exemplo de "o que Deus mais faz o tempo todo é nos amar", isso se chama louvor. Porque Deus sabe que quando conseguimos nos colocar em uma atitude de gratidão, olhar além de nós mesmos e para ele, isso traz um benefício imenso para o nosso coração, nossa alma e nossa pessoa. É claro que Deus, como o objeto de nossa afeição, também é louvado, mas nós é que somos aprimorados, encorajados e transformados pelo ato.

> [...] Como é bom cantar louvores ao nosso Deus! Como é agradável e próprio louvá-lo!
>
> Salmos 147:1

Ele nos chama para louvar — não para satisfazer à sua profunda necessidade, mas para satisfazer à nossa. Nós é que somos vestidos naquele belo manto de louvor.

Então... que estilista você está vestindo?

Certa vez, ouvi alguém se referir à gratidão como o "fruto mais fácil de ser apanhado" do bem-estar. Interessante. Isso, porém, dá a entender que a gratidão é fácil de ser encontrada e, às vezes, não é. Às vezes, encontrar gratidão é como escalar o Half Dome,[19] no Yosemite, e não pegar um pêssego que caiu fortuitamente no chão. Parece que exige um esforço imenso do nosso interior.

Se você nasceu em tempos passados e teve criação religiosa, talvez tenha ouvido falar de uma mulher chamada Joni Eareckson Tada. Minha mãe a admirava e leu seus livros na década de 1980. Lembro-me claramente de minha mãe contando a história de Joni para mim, uma jovem adolescente — talvez como inspiração espiritual e para me advertir. Joni, uma jovem atleta de Maryland, tinha apenas 17 anos de idade quando mergulhou em água rasa e quebrou o pescoço. Ficou imediatamente paralisada do pescoço para baixo — tetraplégica. Desde então, Joni teve uma bela vida de fé e serviço aos outros. (E criatividade! Ela pinta lindas telas usando um pincel preso entre os dentes. Extraordinário.)

Anos depois, quando eu já era adulta, assisti a uma entrevista dela no programa *Larry King Live*.[20] Ao me lembrar dela nos tempos de minha juventude, parei e assisti ao programa. Ela contou a história de como passou a ser uma mulher de fé. Disse que não era uma pessoa particularmente religiosa antes do acidente e que nas torturantes semanas e meses seguintes, deitada prostrada no leito do hospital, vendo a vida feliz que imaginou ser cruelmente arrancada, seu desespero foi tão insuportável que ela queria morrer. Chegou até a tentar suicidar-se — quebrar o pescoço novamente, bem ali no leito do hospital. A paralisia impediu-a de completar a tarefa.

Joni falou sobre o momento em que tudo mudou para ela. Alguns amigos da família iam ao hospital para animá-la. Levavam pizza e assistiam aos jogos de futebol americano da NCAA

(National Collegiate Athletic Association) e, conforme ela diz, "tratavam-me como um ser humano",[21] não como uma inválida. Também levavam suas bíblias. Apesar de não ser muito religiosa, Joni disse que a bondade deles deu-lhes o direito de abrir as bíblias. O versículo que mudou a vida dela foi este:

> Deem graças em todas as circunstâncias, pois esta é a vontade de Deus para vocês em Cristo Jesus.
>
> 1Tessalonicenses 5:18

Continuei sentada, atônita. Não podia acreditar que foi esse o versículo que a afetara tão profundamente. Não era um versículo de encorajamento. Não era sequer um versículo prometendo uma vida melhor na eternidade. Não lhe prometia nada; ao contrário, fazia um pedido. Pedia gratidão a Joni, uma mulher de quem tanta coisa havia sido tomada. Dar graças? Sério?

E foi exatamente isso que transformou sua vida. A própria Joni disse que não entendeu imediatamente aquelas palavras. Não passou cada momento dos dias que se seguiram em um estado de radiante euforia. A vida era difícil. Era necessário que alguém a levantasse da cama, lhe desse banho, a alimentasse. Alguns dias aquilo

Onde quer que você esteja neste momento e sejam quais forem os seus sentimentos, se deseja mudar imediatamente a atmosfera, se deseja mudar instantaneamente o ar, louve ao Senhor.

111

era tudo o que ela tinha para continuar a viver. Porém, de alguma forma, os principais elementos para a cura foram o louvor e a gratidão. E ela disse que, quanto mais fraca se sentia, mais incapaz de louvar e agradecer, mais forte Deus se tornava.

———

Louvor. Gratidão. Agradecimento.

Onde quer que você esteja neste momento e sejam quais forem os seus sentimentos, se deseja mudar imediatamente a atmosfera, se deseja mudar instantaneamente o ar, louve ao Senhor.

Gosto da antiga tradução King James de Salmos 22:3: "Mas tu *és santo*, *ó tu* que habitas nos louvores de Israel". Ele habita nos louvores de seu povo.

Se você está se perguntando onde Deus está, louve-o. De repente, você estará na presença dele. Já sabemos qual é o número do telefone dele. Se você queria saber seu endereço, agora sabe onde ele mora.

CAPÍTULO 14

MUDE O FOCO DO SEU OLHAR

Eu estava sentada em minha cadeira confortável, antes do amanhecer, enrolada em um cobertor, lendo o material de instruções do dia para o trabalho, quando ouvi o som de pequenos passos na escada. É brincadeira. O que na verdade ouvi foi o som muito forte de um peso pesado do boxe descendo os degraus como se estivesse carregando um piano de cauda. Em outras palavras, os passos de uma criança de 8 anos de idade. Claro, era Vale, que havia acordado cedo, me procurando. Já era hora de eu correr para não chegar tarde ao trabalho, mas não resisti e a abracei, e ali

113

ficamos por um momento silencioso antes que a agitação do dia começasse. Coloquei-a no colo, encostando sua cabeça de cabelos encaracolados junto ao meu peito enquanto fazíamos uma oração para o dia que se iniciava. Silêncio. Quietude. Sozinhas — só nós duas. Guardo esses momentos com carinho no coração. Em breve, meu anjo, minha menininha, será uma adolescente, talvez um pouco arredia, não querendo ser acarinhada pela mamãe.

"Mãe", ela disse, olhando para mim quando nossa oração terminou. "Às vezes, sinto que a terra está se movimentando." Fiz uma pausa, à espera de algo mais. Ela prosseguiu: "Você sabia que a Terra gira em torno do Sol? Às vezes, sinto que ela se movimenta. Vejo as nuvens atravessando o céu".

Sorri. Disse a ela que era muito bom poder ver essas coisas. Ela foi embora correndo.

Perspectiva celestial. É tão rara e preciosa quanto os momentos passados fortuitamente com nossos filhos no escuro, antes do amanhecer.

Não sentimos a terra se movimentar, claro. Deve haver muitos bons motivos científicos para isso (presumo). Mas há também um motivo espiritual que raramente percebemos no movimento cósmico, divino, ao nosso redor. Não estamos parados, não estamos imóveis, não estamos sozinhos — só nós — com Deus. E não estamos olhando para o lugar certo. Na maioria dos dias, estamos olhando para dentro, para fora ou para ambos. Horizontal, não vertical. Não estamos olhando para os céus.

Afinal, não passamos de seres humanos. Olhamos automaticamente para a terra. Olhamos automaticamente para dentro: nossas necessidades, desejos, famílias, nossas idas e vindas. Nosso emprego, saúde, sonhos, prazeres. Tudo gira em torno de nós. Nosso foco não surge naturalmente. Precisamos aprender, como as crianças, a dizer "por favor", "com licença" e "obrigado". Precisamos também colocar essas lições em prática.

Assim como muitas pessoas, luto com pensamentos sombrios e negativos. Não sei se o que sinto tem um nome clínico — ansiedade, talvez? Não importa; não preciso dar nome a esse sentimento; conheço-o muito bem. E o reconheceria em qualquer lugar. Aquele sentimento angustiante de pavor, preocupação e culpa apertando meu coração como um torniquete. Um sentimento opressor e corrosivo de desconforto, inquietação. É como um mal-estar, até mesmo como uma doença. Uma sensação contínua, às vezes implacável, de desgraça iminente.

> Olhamos automaticamente para a terra. Olhamos automaticamente para dentro: nossas necessidades, desejos, famílias, nossas idas e vindas.

Sua característica marcante é seu mistério — por que nos sentimos assim? Às vezes, não consigo sequer identificá-lo exatamente. Às vezes, quebro a cabeça para descobrir sua origem, vasculhando minha memória, movimentos e interações — à procura do motivo verdadeiro de me sentir tão inquieta. Fiz alguma coisa errada? Magoei alguém sem querer? Estou agindo de uma forma que pode ter terríveis consequências? Estou correndo o risco de fazer algo que Deus não aprova? Por que me sinto perturbada? Será que alguma condenação cósmica está prestes a cair sobre mim, aquela desgraça que está sempre à espreita?

Esses sentimentos são uma montanha a ser vencida — às vezes, uma escalada diária. Tento sorrir quando passo por eles no

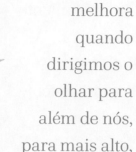

> A situação melhora quando dirigimos o olhar para além de nós, para mais alto, com os olhos fixos no eterno.

trabalho ou em casa. Continuo avançando; continuo a me preocupar comigo. Mas, por dentro, esses sentimentos infeccionam e apodrecem — matam a alegria e roubam a paz. Tenho certeza de que há respostas na química de meu cérebro e em minha infância para esses sentimentos — terreno fértil para um profissional especialista em saúde mental. E, sim, exploro e vou continuar a explorar essas avenidas valiosas.

No entanto, o que sei também, lá no fundo, é que necessito de perspectiva. Não apenas "isso vai passar", "conte as suas bênçãos" ou "foque o positivo". Preciso colocar minhas preocupações e eu mesma em um contexto maior. Especificamente, em um contexto divino. Somente no contexto de Deus posso ter uma perspectiva verdadeira.

Rick Warren, autor de *Uma vida com propósitos*, disse: "Preocupação é a luz de advertência que Deus empurrou para o lado".[22] E certamente é. Em geral, o que substitui Deus é o mundo, tudo aqui embaixo. Todas as confusões, todas as preocupações. Essa observação não tem apenas a intenção de aumentar a culpa, dar mais motivos para um castigo maior. Deus nos criou. Ele sabe que somos humanos. "[Ele] lembra-se de que somos pó" (Salmos 103:14). No entanto, a situação melhora quando dirigimos o olhar para além de nós, para mais alto, com os olhos fixos no eterno. Não podemos ter essa perspectiva o tempo todo. Porém, quando a temos, é um dom extraordinário.

> Levanto os meus olhos para os montes e pergunto:
> "De onde me vem o socorro?" O meu socorro vem do
> SENHOR, que fez os céus e a terra.
>
> Salmos 121:1-2

Orei esse salmo no primeiro dia em que fui apresentadora do *TODAY Show* na manhã de uma segunda-feira, em meados de julho de 2012. Estava um pouco nervosa, o que significa totalmente aterrorizada. Comecei a trabalhar no novo emprego durante uma época de grande dificuldade para o programa. Ofereceram-me a posição às pressas e inesperadamente, em meio a controvérsias; tinha certeza de que não levaria muito tempo para que os chefes percebessem que tomaram a decisão errada ou que o público me rejeitava. Senti os olhos escrutinadores do mundo sobre mim. Acho que quase não comi nada na semana anterior ao primeiro programa. Para comprovar que o estresse se manifesta no corpo, tive uma enxaqueca ocular naquela primeira manhã. Foi tão forte que tive de me deitar no chão de minha sala durante vinte minutos, com as luzes apagadas, antes de o programa ir ao ar. O produtores e outros âncoras bateram suavemente na porta para ver se eu conseguiria dar conta do recado.

Orei, claro. E, a certa altura, Deus me deu aquele trecho da Escritura. Eu o havia memorizado anos antes (durante uma daquelas temporadas de dedicação ao estudo bíblico que já mencionei). De repente, as palavras vieram-me à mente — bem na hora, bem quando eu precisava. *Levantei os olhos para os montes.* Senti uma onda de segurança, de confiança — não em mim, mas nele. *De onde me vem o socorro? O meu socorro vem do SENHOR, que fez*

Deus está comigo. Ele me segurou. Não estou sozinha. Aconteça o que acontecer, jamais estarei sozinha. Ele me trouxe a este momento e não vai me abandonar agora.

———

os céus e a terra. Alívio. Deus está comigo. Ele me segurou. Não estou sozinha. Aconteça o que acontecer, jamais estarei sozinha. Ele me trouxe a este momento e não vai me abandonar agora.

Recebi grande sabedoria e grande conforto por ter feito o que o salmista sugeriu: olhar para cima, olhar ao redor, olhar além. E o que vemos? Ajuda a caminho — vindo dos montes e dos lugares altos. Resgate. Hosana nas alturas. Vemos Deus — quem ele é, sua essência, seu caráter, seus métodos. Vemos Deus no comando e no controle. Vemos Deus focado e prestando atenção. Vemos Deus: Artífice, Criador, Autor, Provedor — na terra como no céu. Deus está lá e ele é bom. Perspectiva. A perspectiva celestial.

Quando pensamentos ansiosos me sobrecarregam, quando o negativismo me assedia, é sinal certo de que me esqueci de tudo isso. Esqueci-me de quem é Deus e do que ele promete. Preciso olhar para o alto. Preciso olhar para ele. Quando meu espírito fraqueja, preciso olhar para o céu e ver essas verdades.

Deus é o juiz de minhas imperfeições e promete misericórdia.

Deus está no controle de minha segurança e proteção e promete vida eterna.

Deus é o guardião do meu coração e do meu bem-estar, e mostra ternura, bondade e amor a todos os que ele criou — inclusive eu.

Quando tinha 2 anos de idade, meu filho, Charley, atirou um trem de brinquedo em mim. Não foi intencional. Foi uma experiência científica, típica de crianças dessa idade: o que vai acontecer se eu jogar este objeto pontudo no rosto da minha mãe? Resposta: vai machucar. O brinquedo era absurdamente pesado com um limpa-trilhos antigo absurdamente pontudo. Divertido para as crianças e perfeito para machucar os olhos, o que ele fez. (Digressão: O trem continuou conosco por vários

> Quando olhamos para baixo, quando olhamos muito para dentro, deixamos de ver muitas coisas.

anos, e as crianças se referiam a ele como Arma.)

Resumindo a história, a locomotiva provocou um corte considerável em minha retina e perdi a visão de um olho por pouco tempo. Enfrentei múltiplas cirurgias, incluindo uma que me obrigou a passar uma semana inteira de bruços durante horas e horas a fio de dia (e de noite). Aluguei uma daquelas cadeiras de massagem que vemos em salões de beleza para ficar com a cabeça enterrada no local apropriado. Li livros e ouvi *podcasts*. Comprei um espelho pequeno de mão e o colocava de modo que pudesse ver o rosto de meus filhos. Passei longas horas de bruços naquela cadeira. Foi cansativo demais. Eram momentos de solidão. E era doloroso (quando ficamos o tempo todo olhando para baixo, o pescoço começa a doer). Perdemos o contato visual. Não vemos os sorrisos. Perdemos a conexão com as pessoas.

Alerta metafórico. Quando olhamos para baixo, quando olhamos muito para dentro, deixamos de ver muitas coisas. O sogro de uma amiga deseja a mesma coisa em todos os seus aniversários. Quando ele sopra as velinhas e os netos perguntam: "Que pedido o senhor fez?", sua resposta é sempre a mesma: "Pedi para ter perspectiva". Que desejo sábio no dia do aniversário (já passou a ser o meu também).

Veja, vivo no mundo real também. Não podemos andar por aí em um estado de suprema felicidade o tempo todo. (Eu esbarrava nas coisas, principalmente por causa daquele olho machucado.) Mas olhar em direção ao céu, erguer os olhos, é sensível e prático. Nosso espírito tem visão periférica igual aos nossos olhos. Sabemos o que se passa ao redor de nós e como nos localizar. Mas, com uma perspectiva celestial, não pereceremos. Não seremos derrotados. Porque, quando olhamos para os céus, vemos Deus — olhando diretamente para nós.

Gosto muito deste hino antigo de minha infância:

Mantenha os olhos fixos em Jesus,
Contemple longamente seu rosto encantador.
E tudo na terra vai parecer estranho e embaçado
Sob a luz de sua graça e presença gloriosa.[23]

Quando nosso coração estiver inquieto, que possamos orar olhando para cima e para fora. Que possamos orar de uma forma capaz de abranger tempo e espaço, e que processe o significado das coisas através de milênios, não de momentos. Que possamos ver como Deus vê.

[Jesus] olhou para o céu e orou.

João 17:1

CAPÍTULO 15

DESLIGAMENTO

Todos os anos, desde os meus vinte e tantos anos de idade e continuando durante a melhor parte de uma década, minha mãe me comprava o mesmo presente de Natal. Embrulhava-o com muito cuidado, mas era fácil identificá-lo embaixo da árvore por causa de seu tamanho, forma e peso sempre iguais: um diário novo, brilhante, embrulhado em plástico chamado *Journeying Through the Days* [Jornada ao longo dos dias]. Veja bem, não era o seu único presente de Natal. Ela também me dava as botas ou o *jeans* de grife que pedi ou o violão que eu não sabia que queria (minha mãe é incrivelmente intuitiva para dar presentes). Mas essa era a nossa tradição, nosso presente especial, nosso vínculo. Era assim que ela me encorajava/lembrava/cutucava para andar com Deus quando me tornei adulta.

> **Ele não está à procura de porte físico ou pretensão. Está à procura de desordem. Em outras palavras, ele está nos procurando.**

Fazia anos que minha mãe escrevia nesses mesmos diários, registrando suas esperanças e revelações, desapontamentos e preocupações. Ainda vejo sua letra cursiva e desordenada preenchendo cada espaço da página. Ela escrevia todos os dias. Às vezes, eu me sentia tentada a dar uma espiadinha, descobrir algum segredo dela, mas nunca fiz isso. Bisbilhotar aquele espaço sagrado e secreto teria sido uma violação. Além do mais, eu tinha um pouco de medo do que poderia encontrar lá.

Aqueles eram diários cristãos. Cada dia da semana tinha um texto bíblico escolhido como um lembrete e uma parte em branco para reflexão. As outras páginas eram preenchidas com fotografias da natureza e citações inspiradoras. Esse foi o motivo, suponho, para que os diários se tornassem referências espirituais para mim. Não há registros das idas e vindas do dia nem narrativas de acontecimentos pessoais no trabalho, na escola ou no namoro (ainda bem!). Eles descrevem as conversas prolongadas, verdadeiras, sinceras e, às vezes, dolorosas com Deus. Acho que poderíamos chamá-las de oração.

Deus diz que devemos derramar o coração diante dele (Salmos 62:8). Eu certamente aceitei o seu convite.

Livra-me do desespero de ter levado minha vida ao caos sem possibilidade de reparar meu erro. Ajuda-me, salva-me. É tudo o que peço, só isso. Livra-me. Salva-me. Guia-me. Mostra-me. Não consigo enxergar com clareza.

Eu me encolho ao reler minhas palavras. Meu egocentrismo e falta de perspectiva podem ser expressos como "maravilha!" (não no bom sentido). Deus, porém, não está à procura de palavras perfeitas ou glorificação piedosa. Ele não está à procura de porte físico ou pretensão. Está à procura de desordem. Em outras palavras, ele está nos procurando.

O diário é um lugar para desabafar: o que é bom, o que é mau, o que é feio e até o que é mais feio ainda. Deus nos convida a não negar e não menosprezar nossos sentimentos, mas a processá-los em sua presença.

Creio que não existe nada que não possamos dizer a Deus. Na verdade, tenho certeza disso porque leio os salmos, uma amostra do que significa desânimo, medo, frustração, ansiedade, pânico, raiva e ira. De certa forma, eles eram uma espécie de "diário".

Tenho sofrido tanto que a minha vida está à beira da sepultura!
Sou contado entre os que descem à cova; sou como um homem que já não tem forças.
Fui deixado entre os mortos; sou como os cadáveres que jazem no túmulo, dos quais já não te lembras, pois foram tirados da tua mão.
Puseste-me na cova mais profunda na escuridão das profundezas.
A tua ira pesa sobre mim; com todas as tuas ondas me afligiste.

Afastaste de mim os meus melhores amigos e me tornaste detestável para eles. Estou preso e não consigo fugir;

os meus olhos estão ofuscados de tanta tristeza. [...]

Por que, SENHOR, me rejeitas e escondes de mim o teu rosto?

Desde moço tenho sofrido e ando perto da morte; sob o peso dos teus terrores, fui levado ao desespero.

Sobre mim se abateu a tua ira; os pavores que me causas me destruíram.

Cercam-me o dia todo como uma inundação; envolvem-me por completo.

Tiraste de mim os meus amigos e os meus companheiros;

as trevas são a minha única companhia.

Salmos 88:3-9,14-18

Às vezes, é bom ler os salmos só para nos sentir melhor a respeito de nosso nível de dramatização e egocentrismo.

Mantive meus diários durante uma década ou pouco mais. No entanto, a certa altura, o *Journeying Through the Days* parou de ser publicado, e a pequena tradição do Natal de minha mãe desapareceu. Por uns tempos, continuei a escrever aqui e ali, rabiscando em cadernos, mas de repente parei completamente.

Não foi uma coincidência. Eu estava atarefada, tentando abrir caminho em meu novo emprego na NBC. E minha vida estava desmoronando desastrosamente. Eu mal me segurava. Não tinha tempo para sondar as profundezas da minha alma, e não havia nada de bom para encontrar ali. Desconectei-me de mim. *Desliguei-me* de mim. Empacotei todos os diários e coloquei-os em uma caixa no sótão (outro alerta metafórico!) e não olhei para eles nem pensei neles durante anos. Não foram esquecidos, mas minha cabeça estava em outro lugar.

A vida prosseguiu. Os anos se passaram. Mudei-me para Nova York, comecei a trabalhar no *TODAY*, casei-me e tive uma filha e um filho. Quem tem tempo para ficar sentado, lendo diários antigos para autodescoberta? E mesmo que encontrasse tempo — não muito diferente de como me sentia a respeito do diário de minha mãe —, eu tinha um pouco de medo do que encontraria lá.

No entanto, recentemente decidi subir a escada e soprar o pó da lixeira de plástico. Comecei a ler.

Era... uma quantidade muito grande. O Fantasma do Passado de Savannah, uma série de vários volumes de angústia e tormento, um passeio guiado pela incompetência, solidão, medo e confissão. E, acima de tudo, culpa. Muita. Imensa. Culpa. Culpa por ser distraída, por ser superficial, por ser ambiciosa. Culpa por me misturar com a multidão, por não ser mais firme na fé. Culpa por não escrever em meu diário. Culpa por não orar e não estudar a Bíblia. Culpa por menosprezar Deus quando tudo corria bem e depois voltar rastejando quando o sofrimento chegou inevitavelmente. Culpa por não ter obedecido aos mandamentos de Deus. Culpa por não *querer* obedecer aos seus mandamentos.

Uma vida inteira se passou. Eu havia esquecido tanta coisa. Esqueci como me sentia, que tinha muito medo de Deus. Queria agradá-lo e seguir seus passos, mas desconfiava muito de que seu plano principal para mim consistia em "humilhação e lições dolorosas" (citação do diário). Motivada pelo medo, lutei para ser uma boa menina e andar no caminho reto e estreito.

É claro que a piedade e a perfeição eram difíceis demais para mim. Esperava ter uma vida suficientemente aceitável para não sofrer a disciplina de Deus, que ele tinha de lidar com casos piores. Enquanto eu ficasse apenas deste lado do "não o suprassumo, mas não tão ruim", ele não me castigaria nem tiraria algumas coisas boas das quais eu gostava ou o sucesso que tanto desejava. Eu estava tentando controlar Deus, sua força poderosa e amedrontadora. Poderia até dizer que ele é bom e misericordioso, e muitas manhãs eu o louvava, cantando com sinceridade e alegria, mas, na verdade, dia após dia, o que eu escrevia desmentia meus verdadeiros sentimentos: uma leve desconfiança de que o que Deus desejava ou planejava para mim seria doloroso, desagradável ou exigiria sacrifício. É excepcionalmente doloroso e revelador ter um encontro com o seu antigo eu.

Há um muro entre nós, Senhor, o muro da desconfiança. Por favor, Senhor, derruba esse muro e me atrai para mais perto de ti.

Um "muro de desconfiança" com Deus? Sinceramente, eu esqueci que me sentia assim. O que mudou? Como minha percepção a respeito de Deus mudou de modo tão drástico?

Resumindo: não de imediato, não abertamente e não de uma forma que imaginei. Os anjos não desceram do céu nem houve mudança sobrenatural em meu coração. De modo extraordinário e curioso, vejo agora que Deus me ensinou a confiar nele durante as séries de eventos que eu mais temia — as "humilhações e lições dolorosas" sobre as quais escrevi em meu diário. Ele não as enviou, mas usou cada uma delas.

Pensei em tudo o que havia acontecido entre a época em que escrevi aquelas palavras e a época em que as li novamente, décadas depois. Em uma palavra, vida. Algumas coisas boas, algumas realmente difíceis. Calamidades provocadas por mim mesma. Decepção. Distância.

Veja o que descobri naqueles diários antigos.

Aprendi a confiar em Deus não porque a coisa terrível nunca aconteceu, mas porque ela aconteceu. Aprendi a confiar em Deus quando fracassei de modo catastrófico e inequívoco, e ele estava presente. Aprendi a confiar em Deus quando me embrenhei no deserto, para me esconder dele e de mim durante anos (posso ter feito uma ou outra ligação ou enviado mensagem de texto) e, ainda assim, ele esteve presente, aguardando minha volta.

> O medo sempre deixa de fora um fator importantíssimo: a doce e libertadora presença do próprio Deus.

Percebi que a origem da minha desconfiança — o *medo* de circunstâncias ruins, o *medo* de calamidade e destruição — era muito pior do que qualquer outra coisa ruim que viesse a acontecer. Porque o medo sempre deixa de fora um fator importantíssimo: a doce e libertadora presença do próprio Deus.

O medo se esquece de que Deus está presente e trabalhando para o bem de todas as coisas. Não, não necessariamente para resultados positivos ou circunstâncias mais amenas. Ele não é contra essas coisas, mas esse não é o objetivo principal. Deus, ao longo do tempo, trabalha para que as coisas se aproximem dele. Sua trajetória é sempre de intimidade e comunhão cada vez maiores com ele. É isso aí. Simples assim, com certeza.

Aprendi a confiar
em Deus não porque
a coisa terrível
nunca aconteceu,
mas porque ela
aconteceu.

> Não temerá más notícias; o seu coração está firme, confiante no SENHOR.
>
> Salmos 112:7

Não aprendemos nada, pelo menos não profundamente, recebendo apenas informações. Precisamos que alguém nos mostre o que está dizendo. Foi necessário rever aqueles diários antigos para ver os fatos, escavar meu passado espiritual para vislumbrar Deus em ação. Ver os eventos depois de um longo tempo, contando com o benefício da maturidade e do modo de enxergar as coisas, é o mais próximo que os humanos podem chegar para entender como Deus vê as coisas. Podemos ver como Deus trabalha e como ele responde a uma oração. Ele nunca está longe demais (Atos 17:27). Escolhemos os passos que queremos dar (e os passos em falso), mas ele comanda o nosso destino. Deus nos observa, nos guia, ouve nossas orações, mas ele vê como o jogo termina.

É um grande e insondável mistério.

E me faz lembrar um pouco do jogo de xadrez. Atualmente estou reaprendendo a jogar após um intervalo de cerca de quarenta anos. Participei por pouco tempo de um clube de xadrez no sexto ano escolar, mas, com o tempo, esqueci as regras e qualquer noção de estratégia. Meu filho que frequenta o jardim de infância está me ensinando. Irritado, ele me diz que peças posso movimentar e como movimentá-las. ("Os bispos são movimentados na diagonal"... "Os peões não podem atacar diretamente!"... "Você está em xeque, mãe.")

Aos poucos estou me lembrando do jogo, mas, nas primeiras rodadas, eu sempre perdia para meu filho de 6 anos.

Caía diretamente em sua armadilha e me via em xeque-mate, observando enquanto ele, com um sorriso, derrubava o meu rei. Até uma criança pequena pode descobrir o seu caminho mais óbvio para a vitória e vai contra-atacar seus movimentos a cada momento. De repente (por fim?), tive um estalo e me lembrei de tudo. No xadrez, você precisa de um pouco de estratégia. Você precisa preparar-se para a vitória com muitos movimentos de antecedência. Precisa ver um caminho para a vitória e começar a movimentar as peças naquela direção. Não pode movimentar as peças a esmo para vencer rapidamente. Seu adversário vai saber disso. Você precisa ter paciência e colocar-se na posição certa. Precisa prever os movimentos do outro e quais serão os seus. Precisa planejar com muitos movimentos de antecedência.

De certa forma, Deus é o mestre de xadrez supremo. Ele está a um número infinitamente grande de jogadas à frente de nós. No entanto, seu objetivo não é ser vitorioso. Seu movimento para vencer é aquele que nos traz para mais perto, cada vez mais perto dele.

Meus diários eram uma foto instantânea, uma antiga Polaroid, registrando cada fração de segundo de minha alma e espírito. Havia angústia e medo, frustração e abandono. Mas havia também esperança e verdade. E, naquelas páginas tristes, descobri uma joia. Em meio a todas as anotações ao redor, tão cheias de desespero, ela se destaca por sua clareza e confiança. Talvez Deus, às vezes, produza descargas elétricas; talvez ele simplesmente venha e diga isso. Porque ele está aqui, na caneta e no papel. Levei um pouco de tempo, um pouco mais da minha vida, para acreditar nisso.

A verdade é que tu me amas, me proteges, me sustentas e satisfazes os desejos de meu coração. Só tu sabes o que é melhor para mim e o caminho que devo seguir. Só tu conheces o meu coração [...] e sabes tratá-lo com carinho. Só tu te deleitas em mim, te alegras em mim e te orgulhas de mim. És o meu Pai verdadeiro. Tu nunca me derrotas, me humilhas e me conduzes a um caminho falso ou me negas arbitrariamente a alegria e a felicidade. Tu me perdoas, me compraste e pagaste o preço para mim. Estou em tua família, e somos unidos por sangue — uma união impossível de ser rompida. Nunca me abandonaste, nunca te cansarás de mim. Nunca mudarás de ideia sobre mim, teu amor é inabalável. Tu me amas por causa de quem tu és, não por causa de quem eu sou ou do que tenho feito. Tens compaixão de mim e vens me socorrer em tempos de aflição. Demonstras interesse em meu bem-estar e em minha saúde mental. E te importas se estou feliz ou sozinha ou triste. Cuidas de mim, de cada movimento meu, e cada respiração minha é tua também. Sou tua filha preciosa; e tu me proteges ferozmente. Permaneces comigo e me proteges [dizendo]: "Ela é minha".

CAPÍTULO 16

A FÉ É LINDA (OU O FORMATO DA FÉ)

Por que fé?
Qual o motivo de crer?
Impossível dar uma resposta.
E se tentássemos em forma de diagrama?

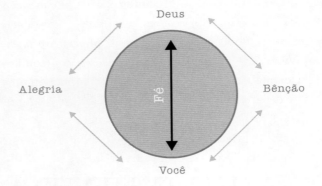

Entendeu?

Estou brincando. Você comprou um livro; vamos analisar as palavras.

Fé. É revelação e mistério ao mesmo tempo. Respostas e perguntas simultaneamente. Satisfação lado a lado com insatisfação; alegria lado a lado com desespero. Divindade lado a lado com humanidade. Nada de patético, pedante ou perfeito, pelo menos nesta vida.

Se *houvesse*, porém, um círculo, haveria Deus, você, crença, bênção e alegria, tudo interligado. Uma revolução divina de bondade interligada com bondade, tudo em harmonia de alguma forma, em ordem inimaginável para o benefício da nossa alma.

Por que fé?

Porque a fé é linda.

> Fé. É revelação e mistério ao mesmo tempo.

———

136

Tenho certeza de que você já viu camisetas, canecas ou tapetes de boas-vindas que dizem: "Em primeiro lugar, café". A tendência pegou realmente; está em todos os lugares. *Em primeiro lugar,* ioga. *Em primeiro lugar,* pickleball.[24] *Em primeiro lugar,* tequila. Se fé fosse uma almofada que você viesse a comprar em uma grande loja de departamentos, os dizeres poderiam ser: "Em primeiro lugar, fé".

(Nota lateral para qualquer tipo de teologia profunda que ainda esteja aqui: sim, Deus vem em primeiro lugar [João 6:44]. Mas estou falando apenas da perspectiva humana porque, bom, de que outra perspectiva eu poderia falar?)

É óbvio, suponho. Fé é a precursora de um relacionamento com Deus. Contudo, na prática, isso vai contra todos os nossos instintos humanos, nosso impulso em relação à autoproteção na forma de exigência de provas. Principalmente para nós que vivemos no mundo moderno. Nosso princípio básico é: "Só acredito vendo". Com Deus, é o contrário. Acreditar vem antes de ver.

Foi o que aconteceu — realmente — na famosa história do Novo Testamento sobre a cura do cego (Marcos 10:46-52). Bartimeu, um mendigo, começou a gritar na rua para que Jesus tivesse misericórdia dele. Seus gritos foram tão altos e perturbadores que a multidão lhe pediu que ele se calasse. (Você é capaz de imaginar toda aquela gente repreendendo-o?)

Jesus, porém, aproximou-se dele.

— O que você quer que eu faça? — perguntou-lhe.

O cego respondeu:

— Raboni, eu quero ver!

O homem recuperou a visão imediatamente.

— A sua fé o curou — disse Jesus.

Fé em primeiro lugar, depois a visão.

> [...] — O que precisamos fazer para realizar as obras que Deus requer?
>
> Jesus respondeu:
>
> — A obra de Deus é esta: que creiam naquele que me enviou.
>
> João 6:28-29

Não sei por que é dessa maneira. Damos um passo em direção à fé e, de repente, um entendimento completamente novo é revelado. Contemplamos o que estava oculto momentos antes. Tudo começa a fazer sentido, emocional e intelectualmente. Isso é chamado de "salto de fé" por um motivo. Precisamos deixar para trás o que é seguro, conhecido e provável, para dar um passo em direção ao divino.

Foi o que o pai desesperado, cuja história se encontra no Evangelho de Marcos, fez por seu filho. Ele aproveitou a oportunidade e levou o filho a Jesus, pedindo-lhe que fosse curado:

> — [...] se podes fazer alguma coisa, tem compaixão de nós e ajuda-nos.
>
> — Se podes? — disse Jesus. — Tudo é possível àquele que crê.
>
> Imediatamente, o pai do menino exclamou:
>
> — Eu creio; ajuda-me a vencer a minha incredulidade!
>
> Marcos 9:22-24

Quando cremos — mesmo com nossa mistura imperfeita de fé e descrença —, uma coisa maravilhosa acontece. Nosso espírito tem a possibilidade de voar.

> Vocês o amam, apesar de não o terem viso; mesmo não o vendo agora, creem nele e exultam com alegria indizível e gloriosa.
>
> 1Pedro 1:8

Sempre amei estas palavras: "com alegria indizível e gloriosa". (*Indizível*. Entendeu? Os autores dos Evangelhos não usavam configurações, mas não estou sozinha em ficar intimidada com essa tarefa.)

Alegria divina. É o êxtase que experimentamos quando encontramos beleza neste mundo e sentimos um toque de reconhecimento pelo seu criador. É claro que você sente. É alguém que você conhece.

Gosto muito da mudanças das estações do ano. E não apenas da primavera, veja bem, embora ela seja claramente a melhor estação, com toda a nova vida surgindo, folhas e brotos parecendo se materializar da noite para o dia, sugerindo que o calor está chegando. Gosto de todas as mudanças das estações do ano. Da primavera para o verão — sem aulas, sem agenda e a sensação nova e recém-encontrada de liberdade. Depois os dias de fim de verão quando começamos a ter a sensação de que o ar está mais fresco e sentir a mudança e a força da brisa. Mesmo a mudança do outono para o temível inverno carrega uma voltagem de possibilidades. Justo quando necessitamos de uma nova perspectiva, de um cutucão para sair da rotina, as estações do ano nos empurram para a frente. Vejo Deus no ritmo da natureza.

Quer seja o esplendor do mundo natural, quer o brilho da arte ou da música, quer um ato de bondade humana, a beleza é a linguagem do amor de Deus. É o seu cartão de visita. Somos todos projetados para reagir a ela. Quando vemos a beleza, seja qual for a forma terrena com que ela se apresenta, reconhecemos o autor e somos tomados por aquela alegria gloriosa e inexprimível.

No entanto, a alegria da fé não é apenas um entusiasmo passageiro, emocional, uma euforia que podemos sentir em uma ópera encantadora ou na "The Eras Tour" de Taylor Swift. É também uma alegria intelectual: a empolgação e a energia de entender algo novo e maravilhoso, instigante e desafiador.

Lembro-me sempre da história dos dois discípulos que encontraram Jesus por acaso enquanto caminhavam pela estrada de Emaús (Lucas 24:13-35). Eles só reconheceram que o homem com quem caminhavam era Jesus muitas horas depois, durante a ceia quando ele partiu o pão. Ficaram maravilhados. "Não ardia o nosso coração enquanto ele nos falava no caminho e explicava as Escrituras?" (v. 32). Gosto muito do modo pelo qual eles disseram isso. O coração ardendo dentro deles. Quando nossa mente e nosso intelecto são alfinetados, cutucados e desafiados — isso também faz parte da beleza da fé.

Quer seja o esplendor do mundo natural, quer o brilho da arte ou da música, quer um ato de bondade humana, a beleza é a linguagem do amor de Deus.

> Confiar em Deus é
> uma alegria profunda.
> **Pastor Brett Younger**
> **Plymouth Church, Brooklyn**

Minha nova amiga Poppy enviou-me uma mensagem de texto com essas palavras enquanto voltávamos para casa após o culto da manhã de um domingo. A propósito, uma amiga que nos surpreende com a citação que ouviu de seu pastor é outro tipo de alegria. Ousar ser vulnerável, ter uma conversa mais profunda com pessoas que conhecemos e descobrir que há uma conexão espiritual entre nós — esse é um dos dons da fé.

Quando eu estava na casa dos 40 anos (e eles na casa dos 80 e 90), fiz amizade com os ex-senadores Bob e Elizabeth Dole, para minha surpresa e deleite. A sra. Dole ("Senadora Elizabeth", como a chamamos) convidou-me para ser embaixadora de sua campanha para ajudar cuidadores de veteranos. Começamos a trabalhar juntas, promovendo eventos e coisas parecidas, mas logo nos tornamos mais que colegas; tornamo-nos amigas. E, em assuntos de amizade, os Doles são veteranos — especialistas de fato. Ligam, enviam *e-mails*, livros ou guloseimas quando menos se espera. "Acho que os amigos que compartilham a fé são os melhores que existem", ela me disse quando liguei para agradecer um devocional que ela me enviou. Durante a pandemia, chegamos a interagir pelo FaceTime com os senadores Bob e Elizabeth, seus dois cães e meus dois filhos. Foi meio confuso. Alguns anos atrás, quando o senador Bob faleceu aos 99 anos de idade, tive a honra de falar em seu ofício fúnebre realizado no Memorial da

Segunda Guerra Mundial. Falei sobre sua coragem e altruísmo militar, claro. E disse também: "Bob Dole me ensinou que nunca é tarde para fazer uma nova amizade".

A alegria da fé é para o coração, a mente e a alma. Uma das maiores bênçãos de Deus.

> [...] a alegria do SENHOR é a sua força.
>
> Neemias 8:10

E por falar em bênçãos...

Tenha um dia abençoado!
Abençoado demais para se estressar!
Que Deus o abençoe!

Antigamente, o verbo "abençoar" era usado apenas para saudações após espirros. Ultimamente, foi introduzido no léxico. O barista pode dizer-lhe "tenha um dia abençoado" após lhe servir um café requintado. Uma camiseta pode informar que quem a usa é "muito abençoado para se estressar". Uma dama sulista respeitável que julga que sua escolha de roupa não foi adequada pode rir baixinho e dizer às suas amigas: "Que Deus a abençoe". (Se você nunca foi alvo de uma humilhação como essa, bom, conte as suas bênçãos.)

Hoje em dia, somos abençoados em todos os lugares!

> — [...] Ponham-me à prova nisto — diz o SENHOR dos
> Exércitos —, e vejam se não vou abrir as comportas
> dos céus e derramar sobre você tantas bênçãos que
> nem terão onde guardá-las.
>
> Malaquias 3:10

Essa é uma promessa ousada para Deus ter feito. Mas o que a palavra "bênçãos" significa no contexto da fé? Possivelmente não se refere a coisas materiais, prosperidade terrena. Com certeza, significa bênçãos de natureza mais espiritual, certo?

Repetindo, reflita nas palavras de Jesus em uma das passagens mais conhecidas da Bíblia:

> "Bem-aventurados os pobres de espírito, pois deles é
> o reino dos céus.
> Bem-aventurados os que choram, pois serão consolados.
> Bem-aventurados os humildes, pois receberão a terra
> por herança.
> Bem-aventurados os que têm fome e sede de justiça,
> pois serão satisfeitos."
>
> Mateus 5:3-6

O famoso Sermão do Monte prossegue a partir desse ponto, mas você entendeu o que ele quer dizer. Não sei quanto a você, mas o desespero, o choro e a perseguição não parecem bênção para mim. E pedir uma bênção mais agradável pode ser uma atitude egoísta ou indulgente, como se estivéssemos usando Deus como um caixa eletrônico cósmico, na esperança de que ele nos faça um favor.

Recentemente, deparei-me com uma frase em um pequeno livro que estava em minha estante havia décadas, sem nunca ter sido lido. Ela me deu uma perspectiva inteiramente nova.

> Abençoar no sentido bíblico significa pedir ou conceder um favor sobrenatural. Quando pedimos a bênção de Deus, não estamos pedindo mais do que poderíamos obter para nós mesmos. Estamos clamando pela bondade maravilhosa e ilimitada que somente Deus tem o poder de conhecer ou de nos dar.[25]
>
> **Bruce Wilkinson, *The Prayer of Jabez***

De repente percebi que pedir uma bênção significa simplesmente pedir um pouco mais de Deus. Somos abençoados quando há mais dele em nossa vida. Quando definimos dessa maneira, as passagens difíceis da Bíblia começam a fazer mais sentido. Por que somos abençoados quando estamos sofrendo ou quando somos "pobres de espírito"? Porque Deus estará presente até as profundezas de nossas necessidades. Receberemos mais dele.

Pedir a bênção de Deus não é necessariamente pedir um desfecho espetacular (embora, se pedirmos, é claro que ele nos ouvirá!). Significa pedir a Deus

> De repente percebi que pedir uma bênção significa simplesmente pedir um pouco mais de Deus.

145

que derrame seu amor sobre a pessoa, o lugar e a circunstância. Quando oro a Deus pedindo que ele abençoe alguém que amo, estou lhe pedindo que esteja presente e envolvido — não necessariamente para ordenar determinado resultado. Se oro para ser abençoada no trabalho ou em casa, oro para que ele esteja comigo e me conceda uma dose extra de sua sabedoria, amor e paciência divinos. Mais dele. Comigo. Com você. Isso se chama bênção.

> "O SENHOR o abençoe e o guarde;
> o SENHOR faça resplandecer
> o seu rosto sobre você
> e lhe conceda graça;
> o SENHOR volte o rosto para você
> e lhe dê paz."
>
> Números 6:24-26

Revisando:

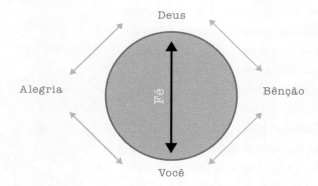

Ainda não?
Que tal um Resumo Executivo:

A fé é linda.
Deus atua no ramo das bênçãos.
A bênção é o próprio Deus.
E isso é alegria pura.

E o ciclo se completa.

QUARTA PARTE

GRAÇA

CAPÍTULO 17

DESCENDO
O RIO

A qualidade da misericórdia não é forçada.
Ela cai como uma chuva mansa do céu
Sobre o chão. É duas vezes bendita:
Abençoa aquele que dá e aquele que recebe.[26]

William Shakespeare

Se você quiser fazer o tempo parar, entre no carro com três crianças pequenas e siga para um lugar qualquer. Uma viagem que duraria duas horas vai, de repente, parecer que durou dez. A maioria dos pais sabe o que fazer durante uma viagem longa de carro: levar jogos, livros e, se possível, um iPad. Prepare-se para levar também cerca de cem lanches (e, como todas as crianças mal-humoradas de idades entre 3 e 6 anos costumam dizer, fruta *não* é considerada "lanche"). E leve seu Yoda[27] interior porque sua serenidade e equilíbrio serão dolorosamente testados durante a viagem.

Em Nova York, onde moro, viagens longas de carro nos pegam desprevenidos. A melhor maneira de descrever o trânsito é tudo, em todos os lugares, tudo de uma vez. (Ou como um motorista me disse certa vez: "Há faixas de trânsito, mas ninguém liga para elas.") Um percurso de quinze quarteirões que levaria dez minutos transforma-se facilmente em uma hora. E lá estamos nós — sem nenhuma distração, sem nenhum lanche, sem saída. Em uma armadilha. É preciso manter uma conversa animada. Sou especialista em perguntar: O que você prefere? Sorvete ou *milkshake*? Cachorro-quente ou hambúrguer? Piscina ou praia? Praia ou montanha? Esquiar ou nadar? Futebol ou basquete? Futebol ou... não, é verdade, acredite em mim, é fascinante.

Recentemente, minha mãe veio nos visitar e teve a infelicidade de nos acompanhar em um desses "passeios" não planejados pelo trânsito da cidade. Assumindo misericordiosamente o meu lugar depois que meus assuntos começaram a perder a graça ("Vamos classificar os dias da semana. Terça-feira é o pior. Alguém concorda?"), ela contou uma história sobre uma experiência pela qual passou quando tinha a idade de meus filhos. Como qualquer boa história contada por uma avó, há sempre uma parte de aventura e uma parte de moralidade. Minha mãe tem 81 anos de idade hoje, e a história ocorreu há mais de sete décadas, mas meus filhos barulhentos e irrequietos permaneceram em silêncio, encantados enquanto ela contava, com detalhes vívidos e diferentes, o dia em que ela desafiou seu pai e quase perdeu a vida.

152

A cena se desenrola na década de 1950 em Kentucky. Minha mãe, uma menina atleta e aventureira de dez anos de idade, estava passando as férias de verão com a família. Apesar dos avisos firmes, severos e repetidos de seu pai, ela decidiu nadar no traiçoeiro rio Ohio e foi levada pela correnteza. Quase morreu afogada. Eu poderia contar o resto da história, mas é melhor quando ela conta:

Fui avisada de que não deveria nadar no rio, mas, aos dez anos de idade, eu tinha orgulho de minha destreza na água (afinal, minha irmã e eu não nadávamos todos os dias?). Nos fins de semana, minha família reunia-se com os parentes em nosso acampamento em Ross, Kentucky, localizado na margem do rio Ohio.

O acampamento não passava de um barraco sobre palafitas mais uma privada externa. Junto com um pequeno aglomerado de outros barracos, formávamos uma espécie de círculo em torno do Jake's Amusement Park, que tinha duas piscinas gigantescas alimentadas por água de um poço artesiano, campos de beisebol, um parque de diversões muito antigo e um café interno e externo.

Minha irmã Debby e eu nadávamos nas piscinas geladas, às vezes pescávamos com o papai no rio, implorávamos ao primo Sammy que nos levasse para um passeio de barco e geralmente ficávamos olhando para ver o que os adultos faziam e andávamos a esmo com nossos amigos. Um de nossos passatempos favoritos era ver os adolescentes na beira da água, fumando e bebendo cerveja roubada. Gostávamos de nossa liberdade. A única advertência rígida de meu pai: "Não entrem no rio".

Nesse dia específico, estávamos sozinhas no desembarcadouro. Sentindo-me entediada e um pouco rebelde, eu disse a Debbie que ia saltar na água e nadar um pouco, só para ver como era. Por ser sempre a mais medrosa de nós duas, ela ficou horrorizada com a ideia.

A água estava calma, por isso não fiz caso dos pedidos dela e saltei na água, chamando-a para me acompanhar. Enquanto ela observava, senti um puxão em minhas pernas e depois meu corpo inteiro ser arrastado rio abaixo, para longe dos gritos de minha irmã. Era uma corrente de retorno, o perigo sobre o qual eu havia sido avisada repetidas vezes.

Meu coração batia mais do que um metrônomo espástico. Ofegante, eu lutava para encontrar um pouco de ar enquanto a água me levava para baixo. Vi a margem do rio afastar-se cada vez mais e senti medo pela primeira vez na vida. De repente, lembrei-me de que lutar contra uma corrente sob a superfície da água era morte na certa e que eu deveria segui-la até me livrar dela.

O que parecia uma eternidade deve ter ocorrido em questão de minutos e consegui me libertar. Eu conseguia ver a barranca do rio, mas não o embarcadouro. Exausta, me debatendo, chutando, por fim desabei na margem do rio, afastando dos olhos e da boca algumas mechas de cabelo encharcadas de óleo. Arrastei-me pelo lodo, puxando raízes de árvores e parreiras, com espinhos de plantas machucando minhas pernas. Orando para que meu pai não descobrisse, por fim avistei o embarcadouro.

E lá estava ele, em pé, esquadrinhando o rio. E me viu enquanto eu me arrastava em sua direção.

"Sinto muito! Sinto muito!", eu disse chorando e com medo de me aproximar dele, certa de que receberia umas chicotadas ou morreria, pois merecia qualquer um desses castigos.

Ele, no entanto, abriu totalmente os braços, abaixou-se e me abraçou com força.

Sem discussão, sem repreensão, sem chicotadas. Eu estava segura. Estava viva. Era amada. Fui perdoada.

Meus filhos adoraram a aventura; fiquei comovida com a metáfora. A imagem do meu avô, de braços abertos, esperando que sua filhinha rebelde voltasse para casa. A imagem da misericórdia. É assim que nosso Pai celestial nos abraça.

> Ele não repreende, não censura, não exige prestação de contas nem se vinga de nós. Apenas se alegra imensamente porque voltamos para casa.

Quando voltamos, destruídos e envergonhados, Deus está à nossa espera. Não importa onde estivemos ou o que fizemos. Ele não repreende, não censura, não exige prestação de contas nem se vinga de nós. Apenas se alegra imensamente porque voltamos para casa. Braços totalmente abertos, como na cruz. "Desejo misericórdia, não sacrifícios", disse Jesus (Mateus 9:13). Ele está à nossa espera, com amor.

E, às vezes, ele nem mesmo espera. Talvez você se lembre da famosa história bíblica do filho pródigo. A parábola conta a história de um homem rico que tinha dois filhos. Um trabalhava em casa diligentemente, cumprindo todas as suas obrigações e fazendo tudo certo. O outro desafiou o pai, saiu de casa, esbanjou sua herança vivendo escandalosamente, e viu-se sem dinheiro, dormindo realmente com porcos. Desesperado, resolveu voltar para a casa de seu pai e suplicar-lhe perdão, pedindo apenas que fosse tratado como um de seus trabalhadores. Filho precioso — essa era a posição que ele sabia que não mais merecia. Envergonhado e sabendo que seria castigado, ele voltou para casa.

> — Ele ainda estava longe quando o pai o viu, o qual, movido por compaixão, correu, abraçou-o fortemente e ternamente o beijou.
>
> Lucas 15:20

Ele ainda estava longe. Deus não espera perfeição antes de nos perdoar. Não exige uma vida transformada antes de nos mostrar misericórdia. Sua misericórdia nos precede. Ele nos perdoa enquanto ainda estamos muito longe. Ele vem ao nosso encontro, percorrendo mais da metade do caminho. Tudo o que ele pede é que voltemos.

Deus não espera perfeição antes de nos perdoar. Não exige uma vida transformada antes de nos mostrar misericórdia. Sua misericórdia nos precede.

CAPÍTULO 18

NUNCA MUDASTE

Tu és fiel, Senhor, meu Pai celeste
Pleno poder aos teus filhos darás
Nunca mudaste; tu nunca faltaste;
Tal como eras, tu sempre serás.[28]

"Tu és fiel, Senhor"

Ah, como eu amo os hinos antigos.

A música sacra melhorou muito desde os velhos tempos quando consistia em um piano confiável, tocado bem alto, um coral sério e, em ocasiões especiais, um órgão. (Certa vez, minha mãe e eu confessamos uma à outra, para nossa alegria, que nenhuma de nós tolerava o som do órgão. Nosso pequeno segredo. Não conte a ninguém!) Hoje, em muitas igrejas, os cultos de domingo apresentam *jam sessions* [músicas improvisadas] de "louvor e adoração" com bandas de vários instrumentos, incluindo baterias (!). Essas músicas contemporâneas parecem tão boas quanto as que ouvimos no rádio — exceto que o foco principal da letra é Jesus em vez de "meu amor". Se você estiver em Manhattan em um domingo qualquer, visite a igreja que frequento, a Good Shepherd New York [Bom Pastor Nova York], e você ouvirá alguns dos melhores músicos amplamente conhecidos.

No entanto, as músicas que ressoam mais profundamente dentro de mim são as clássicas do velho hinário que ainda vejo colocado ao lado da Bíblia em cada banco da igreja. "Quão grande és tu." "Jesus divino, ó Rei da terra." "Sou feliz com Jesus." Não posso dizer que gostava muito desses hinos quando era criança. As palavras eram formais e difíceis de entender; a apresentação em minha igreja batista da década de 1980 não emocionava completamente os corações. Lembro-me de que me sentava no banco de madeira, examinando rapidamente o boletim do culto para ver os hinos selecionados, na esperança de encontrar as palavras: "apenas as estrofes 1 e 4". Legal! Quanto mais curto o hino, mais depressa compraríamos nossos *donuts* após o culto.

> Hoje considero as letras que antes me pareciam enfadonhas e impenetráveis como poéticas e inspiradas, uma espécie de texto sagrado de bonificação.

No entanto, esses hinos conseguiram encontrar um lugar no fundo de minha alma, uma espécie de tesouro enterrado que ali permaneceu e só foi descoberto anos depois. Hoje considero as letras que antes me pareciam enfadonhas e impenetráveis como poéticas e inspiradas, uma espécie de texto sagrado de bonificação. Esses hinos são a trilha sonora da minha fé, o acompanhamento musical de algumas de minhas lembranças espirituais mais distintas: o hino "Assim como estou" tocado todas as semanas quando o pastor "convidava" as pessoas a ir à frente e aceitar Cristo como seu Senhor e Salvador. "Santo, santo, santo", o hino favorito de meu pai, por seu ritmo alegre e animado. (Hoje, sempre que o ouço na igreja, imagino-o piscando para mim. Ou talvez seja uma mensagem de Deus me avisando: *Seu pai está lhe dizendo "oi"!*) E nunca me esquecerei de minha mãe planejando a música para o ofício fúnebre de meu pai, insistindo em que os hinos deveriam ser animados e otimistas. "Nada de músicas fúnebres", ela disse. Mesmo extremamente abalada e sofrendo, ela queria que a música refletisse nossa certeza de que um dia o veríamos novamente. Sua determinação e coragem eram (e são) maravilhosos.

Contudo, as palavras que se destacam entre todas essas lembranças e associações de ideias são duas: "Nunca mudaste". Acho que se destacam porque são as palavras que sempre preciso ouvir.

Deus não muda. Sua opinião sobre nós não muda. Seu amor por nós não muda. "Tal como eras, tu sempre serás", conforme a letra do maravilhoso hino continua a dizer.[29]

Não é assim que meu cérebro funciona.

Meu diálogo interno é implacável; minha autoavaliação é como uma ação do mercado financeiro subindo e caindo, rolando pela minha psique como o registrador automático de cotações na bolsa de valores. *A bondade teve uma queda vertiginosa hoje, ao passo que a fofoca e a mesquinhez subiram. A paciência disparou logo cedo, mas despencou durante a tarde. A autocensura atingiu índices históricos.*

Deus pode não mudar, mas eu mudo demais.

Uma colega fez certa vez esta observação: "É como você ser demitida todas as noites e ser recontratada de manhã".

Exaustivo.

Suponho que essa vigilância exagerada tenha origem na infância, por ter sido criada por um pai de humor extremamente variável que, às vezes, era vibrante e cheio de energia, mas de repente a situação se modificava, tornando-se sombria. Aprendi a sentir a atmosfera, sempre sondando o ambiente emocional para me adaptar à sua mudança de humor. Tentava ser uma boa menina — pelo menos na superfície — para evitar problemas sérios. Durante a maior parte de minha vida, fui um exemplo de agradar às pessoas e manter a paz entre elas.

E essas qualidades foram facilmente transferidas para o meu relacionamento com Deus. E não foi difícil imaginar aquela voz interna de reprovação vinda dele. Quando isso acontece, quando o julgamento é constante, mas a compaixão não existe, o desespero é inevitável. E, se atribuímos erroneamente a Deus a nossa voz de autocensura, isso cria uma distância daquele de quem mais precisamos.

> Quando o julgamento é constante, mas a compaixão não existe, o desespero é inevitável.

É um hábito difícil de eliminar. Mas à medida que, pela graça de Deus,

Deus não muda.
Sua opinião sobre
nós não muda.
Seu amor por nós
não muda.

minha idade avançava, esses padrões de comportamento infantil me tornavam mais sábia. A menina que sempre queria agradar aos outros e acalmar as situações está aprendendo a viver em meio ao desconforto das pessoas que nem sempre são felizes. Aos poucos, estou aprendendo a aceitar que não posso ajustar e manter a temperatura emocional do ambiente em 22°C.

E meu relacionamento com Deus muda quanto mais aprendo com ele e experimento viver com ele, conectando-me ao seu amor e à sua graça.

> Permaneçam firmes na liberdade para a qual Cristo nos libertou [...].
>
> Gálatas 5:1

Houve um tempo em que eu achava esse versículo muito estranho: repetitivo e desnecessário. No entanto, de repente comecei a amá-lo. É muito enfático — quase como se Deus estivesse dizendo: "Claro!" Cristo não veio para nos libertar para que nos tornássemos prisioneiros de nós mesmos. Ele fez isso para que fôssemos realmente livres.

Portanto, *sejamos* livres!

Livres de nossa autoavaliação. Livres de nos comparar com os outros. Livres até mesmo do julgamento bem-intencionado de nossa família, colegas de trabalho e amigos. Ter mente aberta e ser receptivo às áreas nas quais necessitamos de mudança é uma coisa. Outra coisa é repreender a si mesmo de modo implacável, imaginando estar realizando uma proeza espiritual pelo rigor do autoflagelo.

> Sem fé é impossível agradar a Deus [...].
>
> Hebreus 11:6

Essas são as palavras que todos os que gostam de agradar aos outros necessitam ouvir. Descobri, há pouco tempo, um antigo diário onde retraduzi esse versículo em uma das páginas, endereçando-o a mim mesma: "Pare de pensar que você tem de conquistar ou chegar a um nirvana espiritual, escrevi. Tudo o que você precisa fazer é crer".

> Somente Deus é o juiz de nossa alma, e ele promete compaixão.

Deus deseja nos libertar de nossa autoavaliação.

Somente Deus é o juiz de nossa alma, e ele promete compaixão. Somente Deus é o autor e consumador de nossa fé (Hebreus 12:2) e, por meio de seu amor, misericórdia e verdade, somos silenciosamente transformados. Vamos inalar essas palavras. A verdadeira mudança interna não ocorre na ponta de uma arma ou na ameaça de condenação eterna. Ela ocorre quando vislumbramos, e depois absorvemos, a expressão totalmente imerecida e excessivamente generosa da graça assombrosa de Deus.

Esse amor, podemos ter certeza, "não muda".

> Estou convencido de que aquele que começou a boa obra em vocês há de completá-la até o dia de Cristo Jesus.
>
> Filipenses 1:6

CAPÍTULO 19

PECADO E ABOMINAÇÃO

Minhas amigas e eu passamos por uma fase de furto quando cursávamos o Ensino Fundamental II. Não sinto orgulho de admitir isso, mesmo depois de tantos anos. Mas aconteceu. Marcávamos encontro no supermercado e parávamos no estacionamento para criar coragem. Depois entrávamos, uma de cada vez, andando a esmo pelo corredor dos produtos de beleza e colocávamos furtivamente um rímel ou batom na bolsa ou no bolso. Havia a emoção e o terror, a descarga de adrenalina, e depois um enorme sentimento de culpa tomava conta de mim.

Longas noites virando na cama, atormentada e prometendo a Deus que nunca, jamais, faria isso novamente... até a próxima reunião do grupo de pré-adolescentes e a inevitável pressão das colegas.

Lamento dizer que isso aconteceu mais de uma vez e mais de duas; continuou por boa parte do verão até que uma noite a culpa foi tão avassaladora que confessei à minha mãe. Nunca me esquecerei do olhar de desgosto assustador em seu rosto. "Vá para o seu quarto", ela disse, "e traga aqui tudo o que você roubou. Tudo. Um a um." Foi humilhante demais devolver os objetos roubados, muito mais do que ela devia ter imaginado: sombras, protetores labiais, delineadores, tudo espalhado na mesa da varanda dos fundos. Contudo, por mais que tenha sido doloroso confessar a ela, senti um alívio inusitado. Ela estava decepcionada, eu fui castigada, mas ela ainda me amava. Descobri liberdade quando contei a verdade — confessar significou que o fardo foi retirado. E houve certa simplicidade nisso — o erro foi inocentado, a culpa foi correta e o castigo não foi aplicado.

Cresci em uma igreja batista tradicional onde culpa e pecado, céu e inferno eram as preocupações principais. Talvez o amor, a misericórdia e o perdão também fizessem parte do cardápio, mas certamente não eram o prato principal. Meu pecado e minhas falhas de caráter básicas e imutáveis estavam sempre diante de mim. Eu tinha uma sensação corrosiva, mas vaga, de culpa ou de "estar em apuros" — uma sensação de pavor que continua até hoje.

Naquela época, na igreja ou, às vezes, até em casa, era comum um adulto dizer: "O Espírito Santo vai convencer você do pecado". A palavra "convencer"[30] era tão pesada quanto uma pilha de tijolos colocada em meu coração. E, por ser criança, acho que não entendia sequer o significado total da palavra. Hoje eu sei. Condenar é o que o sistema legal faz com os criminosos. Aplica-se a lei, determina-se a sentença e executa-se o castigo. Considerando isso hoje, acho que o uso dessa palavra é confuso no contexto de fé. A Bíblia fala, claro, de Jesus voltar para convencer o mundo do pecado (João 16:8), mas diz também que ele veio para salvar o mundo, não para condená-lo (João 3:17). Minha criação religiosa ressaltava o versículo anterior muito mais que o posterior. Pesada em culpa, leve em graça. Não é de admirar que cresci tendo mais medo de Deus do que o amando. Para mim, conhecer Deus era ser julgada por ele e ser achada em falta, claro.

Meu pai tinha um senso enorme de vergonha pessoal. Às vezes, ele se sentava na varanda dos fundos da casa, com o peso de seu pecado quase visível sobre seus ombros caídos. Parecia estar cercado de uma sombra escura de abatimento. Naquele momento, o melhor era não falar com ele. Às vezes, porém, ele falava muito, talvez quando seus pensamentos (de culpa) se avolumavam. Ele falava de seu lado sombrio, o lado mau de Charlie. Nada específico — era um homem recatado demais para desabafar com uma menina. Quando, porém, eu o ouvia dizer essas coisas, mesmo em termos vagos, meu coração se condoía. "Ah, papai, não fale assim", eu dizia. "Você não é um homem mau!" Mas ele sacudia a cabeça como que dizendo: "Ah, se você soubesse. Você não me conhece de verdade". A autorreflexão rigorosa de meu pai era profundamente comovente e, como se pode ver, contagiante. Não era difícil imaginar seu minucioso autoexame aplicado a mim. Não era difícil imitar seu comportamento. Adquiri a prática de esquadrinhar meus pecados constantemente, sempre vigilante.

> Só um milagre, só o próprio Deus poderia ter me salvado dessa versão de "salvação".

O autojulgamento rigoroso de meu pai também passou a representar o julgamento de Deus em relação a mim. É extremamente fácil, em especial na infância, confundir nosso pai terreno com nosso Pai celestial. Eu sentia necessidade de identificar cada erro, confessá-lo, pedir perdão, e Deus me livre de deixar de mencionar um deles, ou pior, tentar me justificar ou não assumir a responsabilidade. Então, minha salvação estava em perigo. Havia perdão, sim, porque Jesus morreu na cruz, claro! Mas só depois de um arrependimento sincero. Isso só servia para eu sentir que não merecia perdão. Meu arrependimento teria sido satisfatório? Eu estava arrependida de ter cometido aquele erro ou estava arrependida porque devia estar arrependida... mas não arrependida de verdade? É claro que Deus perceberia a trapaça. Problema duplo.

Eu me perguntava se minha fé era suficiente. Passei anos da pré-adolescência me perguntando e me preocupando: "Deus acha que sou cristã? Acho que sou. Acho que acredito, mas será que Deus acredita nisso? E, se ele não acredita, estou condenada ao fogo eterno?" Minha espiritualidade era um ciclo interminável de autoavaliação, culpa e medo. Era pesado.

Não é de admirar que tantas pessoas tenham abandonado a igreja, abandonado a fé, abandonado Deus. É espantoso que eu não tenha feito isso... não tenha dito: "Que vá tudo para o inferno" (literalmente). Só um milagre, só o próprio Deus poderia ter me salvado dessa versão de "salvação".

Muitas pessoas tinham tido essa versão da experiência religiosa. Muitas fugiram compreensivelmente de uma ortodoxia implacável de fogo e enxofre. Mas, de alguma maneira, agora o

É extremamente fácil,
em especial na infância,
confundir nosso pai terreno
com nosso Pai celestial.

---

pêndulo parece ter oscilado radicalmente na outra direção: sem culpa, sem sentir vergonha. Também sem amor e sem misericórdia. Falar de culpa, pecado ou erro é vergonhoso, pensamento retrógrado, uma relíquia embaraçosa de eras passadas, tão extravagante quanto cabelo artificialmente armado e ombreiras.

Tranquilizamo-nos com afirmações, com citações inspiradoras, com declarações de nosso valor e suficiência. É um filtro lisonjeiro do Instagram aplicado à nossa alma. Brevemente satisfatório, mas, em última análise, nada convincente — e não se compara à verdade que sentimos lá no fundo sobre nós mesmos. E de alguma forma, simultaneamente, nossos tempos modernos parecem mais implacáveis que nunca. Um deslize e você está fora. Deleta sua conta; deleta sua vida. Graça e redenção são cada vez mais raras.

O que fazer quando cometemos um erro e sabemos disso? Onde pegar a pilha metafórica de maquiagem de marca duvidosa e despejá-la na mesa? O que fazer com a vergonha? Ela tem algum lugar no sentido saudável do seu ser interior?

De uma coisa eu sei. Se não confrontamos a verdade sobre nós mesmos — o que é bom e o que não é —, estamos provavelmente nos evitando, nos distraindo, nos anestesiando. Fugindo de nós mesmos para o trabalho, para o sexo, para as drogas... ou até para coisas positivas como exercícios físicos ou rotinas de bem-estar tão exagerados a ponto de prejudicar a saúde. (Ouvi certa vez um pastor dizer que pecado é "quando uma coisa boa se torna a melhor de todas".) Nosso ciclo de vergonha está em alta rotatividade: evitar, distrair, autoabominação, repetir.

Citando o apóstolo Paulo: "Miserável homem que sou! Quem me libertará deste corpo sujeito à morte?" (Romanos 7:24).

Ou como diz o pregador de televisão de rosto grande e cabelo penteado por um profissional: "Amigo, você precisa do Senhor!".

Você concorda? Eu prefiro como Eugene Peterson escreveu: "[...] O único modo de nos entendermos é pelo que Deus é e pelo que ele faz por nós [...]" (Romanos 12:3, A Mensagem). Em outras palavras, algo surpreendente ocorre quando dizemos a verdade a Deus, crendo que ele nos ouve e remove nossos erros de nós. Não temos de correr de nós mesmos. Não temos de nos odiar.

Penso nisso tudo quando se trata de ser pai ou mãe. Vamos encarar os fatos: as crianças são terríveis. São a natureza humana em forma bruta. Elas mentem — e muito. Batem, puxam e mordem. Às vezes, são egoístas e ingratas. As crianças dizem às mães cansadas que mal conseguem se segurar: "Eu odeio você". As crianças perguntam à Alexa: "Quem é a pessoa mais malvada do mundo?" e esperam que a resposta seja: "A mamãe". (Meus filhos já fizeram isso).

Não quero repetir o tormento e a vergonha de minha infância. Mas não acho que meus filhos viverão em torno de afirmações do tipo "você não pode cometer nenhum erro" — não quando forem confrontados pela vida real e pela verdadeira humanidade deles, as quais nunca serão perfeitas e irrepreensíveis. Não seria correto enviá-los ao mundo sem estarem equipados com ferramentas para lidar com as decepções — incluindo decepções com eles próprios.

Minha filha é particularmente sensível, misteriosa e introspectiva. É uma pequena alma sábia, empática e linda. Ela é meu anjo. Mas, claro, ela não é nenhum anjo. Como qualquer criança, ela é propensa a ter ataques de mau humor e descontrole emocional por alguma injustiça disfarçada ou privilégio negado. Na maioria das vezes, isso não dura muito. Mas há ocasiões em que ela tem um momento de autorreflexão. E diz: "Sei que estou sendo egoísta" ou "Sou uma pirralha. Admito".

Às vezes, ela diz isso para dramatizar; outras vezes, é remorso sincero. Não cabe a mim descobrir. Digo a ela: "Se você sente em seu coração que fez algo errado, diga a verdade a si mesma e diga a verdade a Deus. Só isso. Deus limpa tudo isso. Para Deus, é como se o seu pecado não tivesse existido. Você pode achar difícil esquecer o erro que cometeu. Pode até dizer a ele: 'O Senhor se lembra daquela coisa horrível que eu fiz?', e Deus vai dizer: 'Não, não me lembro. Não sei o que você está falando. Você foi perdoada, e sua ficha está limpa'".

Isso funciona para adultos também.

Quando meu ciclo de vergonha e pavor retornou recentemente, quando eu estava me repreendendo por um erro, uma palavra de esperança me veio à mente — tão surpreendente que a escrevi em meu diário:

Se tenho pecados a confessar, eu os confesso a ti, não a mim.

Eu os confesso ao Senhor, que é "compassivo e misericordioso, tardio em irar-se e cheio de amor leal" (Salmos 103:8).

Não há sensação maior do que confrontar e enfrentar nossas fraquezas e deficiências e descobrir que somos amados, aceitos e perdoados. É melhor do que dizer a nós mesmos que somos perfeitos ou suficientemente bons, ou pelo menos melhores do que [coloque o nome de outra pessoa mais terrível que você]. E é muito, muito melhor do que a autocondenação, as surras implacáveis aplicadas a nós mesmos.

Podemos ser sinceros conosco sobre o que somos por causa de quem ele é. Aquele que nos liberta. Deus está aqui. Portanto, somos livres.

Ora, o Senhor é o Espírito, e onde está o Espírito do Senhor há liberdade.

2Coríntios 3:17

CAPÍTULO 20

ELE SE RECLINOU

Alguns anos atrás, atravessei uma fase espiritualmente difícil. Na verdade, essa é uma forma suave e decepcionante de dizer isso. Vou tentar de novo. Alguns anos atrás, eu tinha certeza de estar sendo amaldiçoada por Deus e possivelmente perseguida por um demônio.

Aconteceu durante a época em que eu era estudante de Direito em Washington, D.C. Estava, sem dúvida, sob uma tremenda carga de estresse e pressão. No entanto, foi surpreendente porque aconteceu quando eu me sentia muito perto de Deus. Fazia um estudo bíblico todos os dias. Orava fielmente. Sentia-me conectada com meu lado espiritual de uma forma significativamente visceral e profunda.

De repente, a culpa começou a me sufocar. Uma culpa esmagadora, condenatória e acusadora. Estava obcecada com meu próprio pecado. Não podia me livrar do pensamento. Ele me importunava dia e noite. Atormentada, eu escavava cada canto de minha vida e consciência à procura de erros e falhas. Mesmo depois de confessar tudo a Deus, o que normalmente traz alívio, de nada adiantou. Confessei e confessei, sem encontrar paz.

Eu tinha pesadelos — visões que pareciam terrivelmente reais. Às vezes, acordava na cama com a sensação de que havia uma presença tenebrosa acima de mim. Podia até ouvir sua respiração — de fato, o som de narinas inspirando e exalando o ar. Eu sabia que havia alguma coisa ali, mas o medo me impedia de olhar, de ficar frente a frente com aquela presença horripilante. Eu me encolhia até ficar em posição fetal, com o corpo totalmente envolto nas cobertas, e orava. Os versículos bíblicos que memorizara. As letras dos hinos que conhecia. Apenas o nome "Jesus". Qualquer coisa para sentir alívio. Por fim, a escuridão desaparecia e o sono retornava.

Depois que isso continuou por um tempo angustiante, em desespero liguei para o pastor de uma igreja que eu frequentara no Arizona anos antes. Acho que ele não se lembrou de mim, mas foi bondoso e aceitou falar comigo. Expliquei que estava sufocada por uma sensação de pecado. Disse que Deus ou o Espírito Santo devia estar me condenando, que havia orado repetidas vezes pedindo perdão, mas o sentimento persistia.

O que ele disse a seguir mudou meu modo de pensar e minha vida.

"Você tem de fazer uma pergunta a si mesma", ele disse. "Qual é exatamente o seu conceito de Deus neste momento?"

Suas palavras me forçaram a fazer uma autoanálise. Qual era a versão de Deus que eu estava imaginando? Com certeza, não era o Deus que sempre conhecera. Aquele que eu amava e que me amava. O Deus que eu estava imaginando era um Deus de condenação, de acusação, de maldição. Era um Deus sem nenhuma misericórdia.

Às vezes, imaginamos a voz de Deus dessa maneira. Uma voz que nos culpa. Uma voz que acusa. Esse é, de fato, um território perigoso, mas não pelos motivos que você imagina. Se nos sentimos envergonhados, ameaçados ou marginalizados, começamos a evitar Deus, fechar os ouvidos, criar distância. Isso é o oposto do que Deus está tentando realizar conosco. Foi o que o meu período de sofrimento me ensinou: minha autocensura não era a voz de Deus. Na verdade, era uma voz falsa.

——

Isso não quer dizer que Deus somente comunica promessas superficiais e trivialidades. O nosso Deus não é um Deus de conversa amena. Ao contrário, Deus é muito bom em confrontar, lisonjear, desafiar e persuadir. No entanto, esse tipo de conversa é totalmente coerente com sua natureza amorosa e bondosa.

> Ao anoitecer, Jesus estava reclinado à mesa com os Doze. Enquanto comiam ele disse:
> — Em verdade lhes digo que um de vocês me trairá.
> Eles ficaram muito tristes e começaram a dizer-lhe, um após outro:
> — Com certeza, não sou eu, Senhor!
>
> Mateus 26:20-22

A cena da Última Ceia sempre me impressiona. Jesus estava reclinado quando predisse sua traição e morte. Reclinado. Tome cuidado para não ler muito sobre esse assunto, para não analisar exageradamente. (Vi na internet que reclinar-se para comer era uma prática comum na época.) Mas a postura física de Jesus na Última Ceia combinava de certa forma com sua postura espiritual. Não era uma postura de confronto ou extremamente emocional. Ele falou como se tivesse intimidade, bom relacionamento com os discípulos. Sim, suas palavras tinham autoridade e foram devastadoras. Ele não fez rodeios. No entanto, não intimidou nem esbravejou.

O nosso Deus é um Deus firme, que fala a verdade sem rodeios.

Li certa vez um artigo que me fascinou: "Por que parei de beber", de Sarah Bessey.[31] Nele ela descreve uma jornada na qual se sentiu chamada para deixar de beber socialmente. Ela não parou de beber porque tinha um problema com a bebida *per se*. Foi apenas um chamado que ela sentia cada vez mais no coração. O que me chamou a atenção foi o modo com que ela se expressou: "Parei de beber porque senti que Deus me pediu que parasse de beber".

> O nosso Deus é um Deus firme, que fala a verdade sem rodeios.

É claro que meu primeiro pensamento foi: "Tomara que Deus nunca me faça esse pedido".

No entanto, as palavras que ela escolheu se destacaram para mim. Deus não ordenou nem acusou — ele pediu. Sarah chamou a voz de Deus de "meiga, porém implacável".[32]

> Em minha vida, quando se trata de começar a mudar, parece que Deus faz um gesto negativo com a mão a respeito de alguma coisa em minha vida. Como se dissesse: "Aqui, neste lugar, aqui mesmo, vamos ficar aqui por alguns momentos. Quero insistir nisso".[33]
>
> **Sarah Bessey, *Why I Gave Up Drinking?***
> **[Por que parei de beber?]**

Deus é totalmente coerente, mesmo nos momentos difíceis. Ele continua bondoso e amoroso mesmo quando fala conosco sobre uma área de nossa vida que necessita ser mudada.

———

Em minha igreja, fazemos uma confissão coletiva. Lemos estas palavras juntos:

> Deus de infinita misericórdia, confessamos que pecamos contra ti em pensamento, palavra e ações, pelo que fizemos e pelo que deixamos de fazer. Confessamos que não temos te amado de todo o coração. Não temos amado nosso próximo como a nós mesmos. Arrependemo-nos humildemente. Por amor de teu filho, Jesus Cristo, tem misericórdia de nós e nos perdoa, para que possamos andar nos teus caminhos e nos alegrar em tua vontade para a tua glória, Pai.

As igrejas do mundo inteiro usam uma versão dessa oração nos cultos de domingo. Pode ser maçante esse tipo de confissão. Pode ser uma repetição mecânica. Ou pode ser um grande alívio. É um momento carregado de oportunidades.

Nosso pastor, Michael Rudzena, a aproveita ao máximo. Diz que devemos refletir silenciosamente, pedindo a Deus uma memória santa, algo que nos venha à mente pelo qual talvez precisemos assumir responsabilidade. Permanecemos em silêncio. Depois, ele oferece palavras de consolação. E diz muitas vezes que a confissão não tem a finalidade de ser uma "surra cósmica" nem uma ocasião para "introspecção mórbida". Devemos apenas nos responsabilizar pelas maneiras pelas quais deixamos de amar.

Em seguida, encerramos com este lindo texto bíblico: "Como o oriente está longe do ocidente, assim ele afasta para longe de nós as nossas transgressões" (Salmos 103:12). Ou como Eugene Peterson o traduziu: "Tão longe quanto é o sol nascente do sol poente" (A Mensagem).

Deus não perdoa nossas falhas e depois continua a se lembrar delas o tempo todo, deixando-nos atormentados. Ele leva a nossa culpa para longe e a substitui por sua paz.

———

Naquele dia na faculdade de Direito, depois de conversar com o pastor, minha fase de me sentir amaldiçoada e envergonhada começou a chegar ao fim. Não aconteceu tudo de uma vez, mas ao longo do tempo. E tive de retreinar meus pensamentos. Quando os sentimentos de culpa e acusação começavam a se avolumar, eu me lembrava de quem Deus é: meu salvador e meu amigo. Voltei aos princípios básicos. Às vezes, percorria todo o caminho de volta, recitando para mim mesma as palavras suaves e conhecidas do hino das crianças: "Jesus me ama, disso eu sei".

Deus não perdoa nossas falhas e depois continua a se lembrar delas o tempo todo, deixando--nos atormentados. Ele leva a nossa culpa para longe e a substitui por sua paz.

> "[...] No arrependimento e no descanso está a salvação de vocês [...]."
>
> Isaías 30:15

Isso foi o que aprendi. A salvação tem duas partes, não uma. Arrepender, depois descansar.

Descanse sabendo que você é amado, perdoado e abraçado. Recline-se.

CAPÍTULO 21

TEM MISERICÓRDIA DE MIM

E m um acesso de humilhação e raiva, ele o matou.

Cerca de trinta anos atrás, vi a cena de um filme chamado *A missão* que nunca esqueci. O filme baseia-se vagamente em uma história verídica sobre um grupo de missionários jesuítas na América do Sul colonial no fim do século 18 que veio para converter os povos indígenas ao catolicismo.

(O filme não faz rodeios sobre a natureza do esforço e da brutalidade daquele período.) Recentemente, assisti novamente ao filme para ver se a cena da qual eu me lembrava tão vividamente se sustentava. Sim, ela se sustentava.

O filme conta a história de um povo indígena que morava em uma região montanhosa magnífica, porém implacável, bem acima das cachoeiras, quase impossível de ser alcançada. Quase. Robert De Niro interpreta um mercenário e comerciante de escravos chamado Rodrigo Mendoza. Na primeira cena em que aparece, Rodrigo está capturando índios adultos e crianças — em uma rede — para vendê-los como escravos. Ele é desumano, cruel e arrogante, um homem horrível e temido que impõe um reino de terror na comunidade. Isto é, até o dia em que ele volta para casa e descobre que sua amada o abandonou para viver com outro homem. É então que, em um acesso de humilhação e raiva, Rodrigo o mata.

O homem é seu irmão, que ele tanto amava.

Rodrigo cai em desespero. A lei não impõe nenhum castigo para seu "crime de paixão"; portanto, quando o vemos a seguir, Rodrigo está em uma prisão que ele próprio criou. Vivendo na miséria, acorrentado pela própria culpa, atormentado, desejando a morte.

Um padre, interpretado por Jeremy Irons, lhe faz uma visita, mas Rodrigo não tem tempo para o homem de Deus. "Para mim, não há redenção", ele lhe diz.[34] O padre o desafia a aceitar a penitência, uma forma de pagar por seus pecados. "Não há penitência cruel o suficiente para mim", ele replica.[35] E, mesmo esmagado pela vergonha e vontade de sofrer, ele concorda.

A penitência exige que Rodrigo volte à montanha, aos povoados que ele devastou — desta vez fazendo uma jornada extenuante e implacável com uma enorme mochila improvisada presa a ele, uma carga malfeita de metal, madeira e lixo amarrada com corda em suas costas. Sua expiação é carregá-la montanha acima, a mesma que ele transpôs em sua missão de capturar escravos.

Dias após dias torturantes, ele faz um esforço violento para levar sua carga até o pico da montanha, atravessando cachoeiras perigosas e escalando penhascos com as unhas. A carga era pesada como uma pedra de moinho, puxando-o sempre para baixo. Quando ele está prestes a sucumbir, alguns padres mais novos do grupo de viagem correm em sua direção para desamarrar a mochila. Ele não aceita. Não pagou a penitência. Não vai permitir que sua carga seja aliviada.

A história culmina com uma das descrições mais poderosas de perdão que já presenciei. Uma cena que não pode ser expressa em palavras.

Exausto e quase morto, agora com a corda amarrada em torno do pescoço, ele chega ao pico da montanha, onde se vê frente a frente com o povo indígena que aprisionou e vendeu como se fossem escravos. Os pequenos o veem primeiro e o reconhecem imediatamente. Sabem exatamente quem ele é.

O líder do povo indígena se aproxima e saca uma faca. Rodrigo tem certeza de que vai morrer — e é o que ele merece, claro. O homem coloca a faca em seu pescoço, mantendo-a ali. Rodrigo aguarda sua execução. A faca é levantada e abaixada violentamente, mas apenas para cortar a corda e soltar a mochila, e a carga maldita cai em espiral pelos penhascos até o rio abaixo. A carga foi embora. O peso não existe mais. O padre, ao ver a cena se desenrolar, corre, cai de joelhos e abraça Rodrigo, embalando-o como se fosse um bebê, lágrimas de libertação descendo pelo seu rosto como cachoeiras.

Rodrigo merecia a morte e recebeu vida. Redimido pelas mãos daqueles mesmos que ele perseguiu.

———

Existe outra força mais transformadora no Universo? Existe qualquer coisa mais poderosa para provocar mudança dentro do coração humano? Quer percebamos, quer não, muitos de nós andamos por aí com nossa vergonha amarrada ao pescoço como um saco de lixo, nos estrangulando, puxando-nos para baixo. Deus, porém, a corta para sempre. Tudo o que precisamos fazer é ficar parados diante dele.

> Quando entendemos o perdão, que provém da obra de Jesus e do Espírito, como uma força poderosa e estranha, o que realmente ele é, começamos a entender que o perdão que Deus nos concede, e o perdão que concedemos aos outros, é a faca que corta a corda pela qual o pecado, a raiva, o medo, a recriminação e a morte estão presos a nós. No final, o mal não terá nada a dizer, porque a vitória na cruz será totalmente implementada.[36]
>
> **N. T. Wright, *Evil and the Justice of God* [O mal e a justiça de Deus]**

Deus corta fora o nosso fardo e a nossa vergonha, nos liberta e nos abraça com amor. Os erros que temos medo de admitir, as

Deus corta fora o nosso fardo e a nossa vergonha, nos liberta e nos abraça com amor.

nossas peculiaridades que não nos atrevemos a mostrar, os pecados que nem nós somos capazes de perdoar — todos eles caem rolando montanha abaixo.

A reação espontânea a esse dom extraordinário de graça é imenso alívio, gratidão e lealdade. Se existe um caminho mais rápido para nos aproximar de Deus, esse caminho é a misericórdia.

> Eu amo o SENHOR, porque ele ouviu a voz da minha súplica. Porque ele inclinou os seus ouvidos para mim, eu o invocarei por toda a minha vida.
>
> Salmos 116:1-2

Por muito tempo, achei que esses versículos significavam clamar a Deus pelo resto da vida como se tivéssemos uma dívida, uma exigência para restituir o seu favor. Hoje, porém, os leio de forma diferente. Entendo que receber a graça de Deus é a experiência suprema de ligação com ele. Ela nos conecta com ele eternamente com um cordão de nossa escolha — não uma corda ou algema, mas um elo, um laço, um vínculo. Vamos puxar com força esse cordão repetidas vezes. Vamos precisar dessa misericórdia repetidas vezes. E vamos invocá-lo todos os dias de nossa vida — por escolha ou por amor.

Não precisamos pagar penitência por nosso pecado — ele já foi pago. Deus não nos ama e perdoa porque

> Se existe um caminho mais rápido para nos aproximar de Deus, esse caminho é a misericórdia.

nossa contrição é profusa ou porque nos autoflagelamos com brutalidade. Ele oferece graça gratuitamente.

Nossa missão é dizer sim.

> Ele nos salvou e nos chamou com uma santa vocação, não por causa das nossas obras, mas por sua própria determinação e graça. [...]
>
> 2Timóteo 1:9

QUINTA PARTE

ESPERANÇA

CAPÍTULO 22

JESUS RESPONDEU

Meu marido e eu temos uma brincadeira recorrente. Normalmente, a cena é mais ou menos assim: entro no quarto à noite com um copo d'água.

— Ah — ele diz, fingindo estar perturbado. — É para mim?

— Droga, me desculpe! — respondo, fingindo estar envergonhada. — Quer que eu volte para buscar um para você?

— Não — ele diz. — Prefiro ter o problema.

Nós nos divertimos muito com essa rotina. É engraçada porque é sincera. Às vezes, preferimos o problema à solução.

Preferimos ter o melhor, os poucos dólares extras em nosso cofrinho emocional (geralmente para gastar na próxima vez que estivermos errados). Não queremos que o problema seja resolvido nem que o erro seja corrigido. Queremos o problema. O mesmo ocorre em nosso relacionamento com Deus. Preferimos a dúvida a ter fé. Preferimos as perguntas a ter as respostas.

> "Vocês me procurarão e me acharão quando me procurarem de todo o coração."
>
> Jeremias 29:13

Nos Evangelhos, encontramos duas palavras muito repetidas: "Jesus respondeu". Andando em caminhos empoeirados em direção ao seu destino, Jesus muitas vezes respondia às perguntas que lhe eram feitas. Muitas pessoas se aproximavam. Algumas o procuravam com sinceridade. Outras tentavam enganá-lo ou montar uma armadilha. Outras agiam das duas formas, convencidas de que suas perguntas eram sinceras apenas para que as respostas de Jesus penetrassem suas camadas superficiais. No entanto, nada disso determinava se Jesus responderia.

Perguntas não são sacrilégio. Apatia e desinteresse são ofensas muito mais graves. É nisto que eu acredito. Venha como você está. Deus responde. Apenas venha.

***

Ao lidar com a dúvida, é bom fazer primeiro uma pergunta a nós mesmos. *Meu pedido é sincero ou estou criando obstáculos para Deus por outro motivo? Estou realmente buscando informações e entendimento ou estou tentando criar distância? Minhas perguntas são um pretexto para evitar intimidade e vulnerabilidade?*

> A relação autêntica com Deus convida à incerteza e ao questionamento.

Estou dizendo isso não porque Deus só responderá quando nosso coração chegar a um estado sublime de extrema piedade. Deus não recusa sua presença e perspectiva até nos apresentarmos a ele com um coração puro e questionador. Porém, quando nossos motivos são confusos, às vezes é mais difícil encontrá-lo. Às vezes, é mais difícil ouvi-lo. Ou, às vezes, o encontramos, mas não ficamos satisfeitos com o que recebemos ou não ouvimos absolutamente nada — porque nossa pergunta verdadeira é algo completamente diferente.

Na sala de aula de minha filha, a professora colocou um cartaz com os seguintes dizeres: "Incentivamos a incerteza temporária." O que se aplica aos alunos do terceiro ano aplica-se também a nós: a insegurança momentânea é a porta de entrada do entendimento. A relação autêntica com Deus convida à incerteza e ao questionamento.

Todas as pessoas que tentam andar em um caminho espiritual neste mundo imperfeito chegam a um ponto de ter de lidar com a dúvida. Se você nunca passou por isso, talvez não tenha pensado muito no assunto. Ou talvez sinta que tem a sorte de ser abençoado com uma fé imensa e inabalável. E talvez tenha!

No entanto, dúvida não é falta de fé. Dúvida não é o oposto de fé. Dúvida é um aspecto da fé — uma característica, não um "*bug*", como os *nerds* de computador gostam de dizer. Dúvida é apenas fé sendo exercitada, como um músculo. Esforce-se, faça as repetições e faça perguntas — você está desenvolvendo força espiritual.

O famoso chavão quando entramos na faculdade de Direito é que os seus livros e professores o ensinam "como pensar". Não o que pensar, mas como analisar os fatos, avaliar os argumentos, apresentar evidência. Você aprende bem rápido que nunca pode ignorar os problemas com base em sua opinião. Se está apresentando um argumento, é claro que você apresenta sua melhor evidência. Mas você também considera os contra-argumentos. Envolve a evidência apresentada contra você. Se a menosprezar, sua posição será exposta como fraca; você não será nem um pouco persuasivo. E, quando seus adversários tiverem a oportunidade de ser convincentes, vão deixar você na mão.

Deus está pronto para considerar os contra-argumentos

Deus está pronto para considerar os contra-argumentos. Ele não pede uma fé cega. Não nos pede que deixemos de lado nosso intelecto para acreditar nele. Ao contrário, ele desperta nossa inteligência, provoca-a e desafia nosso pensamento. Deus gosta muito de se envolver nessas questões.

Nos Evangelhos, Jesus apareceu aos discípulos após sua morte e ressurreição. Na versão de Lucas, ao vê-lo, os discípulos foram descritos como "assustados e com medo" (Lucas 24:37). Eles pensaram ter visto um fantasma. Jesus perguntou: "Por que estão perturbados e por que surgem dúvidas no coração de vocês?" (v. 38). Ele percebeu a dúvida dos discípulos e reagiu. "Vejam as minhas mãos e os meus pés; um espírito não tem carne nem ossos como eu tenho! Toquem-me e vejam" (v. 39).

Dúvida é apenas fé sendo exercitada, como um músculo. Esforce-se, faça as repetições e faça perguntas — você está desenvolvendo força espiritual.

Eu sempre me pergunto o que teria feito naquela situação. Teria ido até Jesus e tocaria em suas mãos e em seus pés? Ou hesitaria, com medo de me aproximar, de correr o risco? Nunca vou saber. Mas aqui está o que sei. Diante de nossa dúvida e medo, Jesus de fato diz: "Aproxime-se". Ele não recua nem se ofende. Para ele, nosso pessimismo e questionamento são oportunidades para uma conexão maior. Muitas vezes, o nosso instinto é fazer o oposto, manter distância.

Portanto, leve suas perguntas a Deus. Leve sua mente brilhante, leve seu intelecto a ele. Mas leve também seu coração corajoso e suas pernas fortes porque, no final, sempre haverá um salto. Um salto de fé.

———

Nem toda dúvida pode ser esclarecida com tanta facilidade quanto o toque de uma mão com cicatrizes; nem toda pergunta é respondida imediatamente e de forma conclusiva. Acima de tudo, as perguntas complexas, existenciais, como: "Porque há tanta maldade no mundo, aparentemente sem nenhum controle?".

Volumes inteiros foram escritos, e até mesmo um ramo inteiro de estudos religiosos — apologética cristã — dedicou-se a abordar esses assuntos. (Para sua informação, não é disso que este livro trata.) Não sei se uma resposta qualquer seria suficiente, não nesta vida, nem enquanto ainda somos seres humanos, "[vendo] apenas um reflexo, como em um espelho" (1Coríntios 13:12). Nem quando estamos realmente sentindo e vivenciando o sofrimento verdadeiro e nos envolvendo com ele.

Deus gosta muito de se envolver nessas questões.

Mesmo que houvesse uma explicação cósmica, abrangente, provavelmente pareceria esotérica e vazia. Afastada do mundo real e irrelevante.

Por que Deus permite o sofrimento?
Por que um Deus de amor permite que a maldade no mundo persista?
Porque a injustiça não é controlada, milênio após milênio?
Por que Deus não desce e põe um fim nisso, de uma vez por todas?

Fiz essas perguntas em voz alta a Deus. Às vezes, isto é o que ouvimos como resposta:

A fé simplesmente nos convida a coexistir com a dúvida e a fé dentro de nós — a viver com nossas perguntas e com Deus.

Ainda não acabou.
O mal não prevalecerá.
Eu desci.
Eu separei um pedaço de mim e fui ao mundo para mudar tudo.
Estou trabalhando.
Você quer que eu destrua o mal com um golpe decisivo, mas isso destruiria a humanidade em si.
O mundo que você conhece vai acabar.
Estou seguindo um caminho diferente, com a missão de redimir.
Demonstração em vez de destruição.
Mostrando, não forçando.
Amor, não violência.
Isso leva tempo.
Ainda não terminei.

Não seria difícil encontrar falhas no raciocínio ou conclusões precipitadas, mas no momento isso faz sentido para mim. Ou pelo menos, traz-me um pouco de paz. Estou querendo acreditar.

Quando elaboramos nossas perguntas na presença de Deus, nem sempre há respostas, mas estabelecemos um relacionamento com ele. A fé simplesmente nos convida a coexistir com a dúvida e a fé dentro de nós — a viver com nossas perguntas e com Deus simultaneamente, em vez de viver com uma ou com a outra.

> A razão está do nosso lado, amor.[37]
> **Bono**

CAPÍTULO 23

O AVISO NOTURNO

Você sabia que todos os especialistas em bem-estar dizem que não se deve manipular o celular antes de dormir? E que você nunca deve dormir com o celular na mesa de cabeceira? E que você nunca, jamais, deve manipular o celular logo ao acordar de manhã?

Sim. Fui reprovada em bem-estar. Pode me dar nota zero. Pego no sono lendo meu iPad quase todas as noites. Meu celular é meu despertador (na verdade, eu deveria dizer "despertadores" porque ajusto diversos horários). E praticamente a primeira coisa que faço de manhã — depois de preparar meu café — é olhar as dezenas de novos *e-mails* no celular a fim de me aprontar para o trabalho do dia.

E lá está ele, como um ceifador macabro assombrando a caixa de entrada. O aviso noturno.

O *TODAY Show* transmite notícias quatro horas por dia, mas trabalha vinte e quatro horas. Os produtores trabalham praticamente dia e noite para colocar a programação no ar. Assim que o programa termina de manhã, todos começam a trabalhar nas atividades do dia seguinte. E, como se trata de um noticiário matutino, parte do trabalho mais importante ocorre quando a maioria do pessoal está dormindo, inclusive eu.

É quando a equipe indispensável e altamente cafeinada do turno da noite prepara um relatório que engloba as principais manchetes nacionais e internacionais das últimas vinte e quatro horas. Nada disso aparece no programa, claro. Mas o aviso informa os âncoras e os produtores executivos sobre a maioria das principais notícias do mundo inteiro para que estejamos "por dentro" — a par do que está acontecendo — e possamos decidir quais eventos devem ser incluídos na transmissão do dia.

Por falta de imaginação, chamamos isso de Aviso Noturno. Na maioria dos dias, trata-se de uma informação terrível e deprimente.

Os EUA ultrapassam 400 tiroteios em massa até agora no ano civil
Polícia investiga assassino em série em Long Island.
Mulher encontrada morta no Parque Nacional depois de
    aparente encontro com um gay.
Oito feridos em acidente de barco no lago, piloto acusado de
    embriaguez.

Guarda costeira procura 4 pessoas em barco capotado na costa do golfo.

Três pessoas feridas gravemente quando pequena aeronave cai em bairro residencial.

Bombeiro morre após ataque cujo alvo era o quartel de bombeiros.

Vinte e cinco pessoas hospitalizadas após desabamento do deck no Country Club.

Quatro pessoas mortas em acidente de helicóptero em lago remoto do Alasca.

Mulher em cadeira de rodas é atingida e morta por um SUV.

Junho é o mês mais quente registrado no planeta Terra: Serviço de Meteorologia.

Autoridades gregas evacuam 19 mil pessoas em razão de incêndios florestais.

Ataques de mísseis russos em Odessa matam uma pessoa e danificam catedral histórica.

Três mortos em surto de listeria no estado de Washington.

Copos para crianças vendidos on-line são recolhidos em razão de níveis de chumbo detectados recentemente.

Estudos dizem que ver televisão na infância está relacionado à pressão alta e obesidade na idade adulta.

Isso é apenas uma amostra. Tudo em apenas um dia. (Vou poupá-lo das manchetes políticas.) E assim por diante, uma história deprimente atrás da outra. Você não pode clicar em todas elas nem haveria de querer (*Criança morre depois que a mãe a tranca acidentalmente no carro quente*). Esse é um retrato do nosso mundo — e meu chamado para acordar de manhã. Às vezes, parece que estou levando vinte socos no estômago, um atrás do outro.

Tudo isso faz parte do meu trabalho e não estou reclamando. Apresentar o *TODAY* é praticamente só alegria. Estou cercada de pessoas que adoro e que estão no auge de sua profissão; o trabalho que realizamos é significativo e desafiador. Também rimos — e muito. Acordo todos os dias me sentindo a pessoa mais felizarda do mundo — sim, mesmo quando o primeiro alarme toca às 3 horas da manhã.

Atualmente, porém, todos nós estamos recebendo uma nova versão do Aviso Noturno. Seja vendo as notícias na televisão, seja sendo bombardeados pelas redes sociais, todos se identificam com aquela sensação de angústia com tudo o que está errado no mundo. Toda essa tristeza. Todo esse tormento. Toda essa divisão. Toda essa raiva. Parece que nosso espírito foi morto por mil pequenos cortes, mil alfinetadas em nosso coração. Olhamos para baixo e vemos que estamos sangrando, sem saber por quê. Sentimos que nossa alma foi profundamente ferida.

Precisamos de esperança. Precisamos de fé. Mas como encontrar fé em um mundo no qual o Aviso Noturno pode ser composto facilmente de dez páginas em vez de cinco? Como encontrar esperança e fé de verdade diante de tantas coisas horríveis?

E quanto às convicções que prezamos — e se estiverem lamentavelmente erradas? E se não houver nenhum prenúncio de justiça? E se isso for realmente tudo o que existe para o mundo, e depois ele acaba? Sofrimento arbitrário sem nenhuma esperança de eternidade. Nada transcendente, nenhum lado positivo. Apenas a corrida sempre decrescente da humanidade para o fundo, a marcha da Terra sempre para a frente em direção à ruína. E se toda essa ideia de Deus for apenas uma invenção, uma história reconfortante que contamos a nós mesmos? Um sonho febril, um doce bálsamo de ilusão?

Todos se identificam com aquela sensação de angústia com tudo o que está errado no mundo. Parece que nosso espírito foi morto por mil pequenos cortes, mil alfinetadas em nosso coração.

> **A falta de esperança não resolve o problema; ela o agrava.**

Para isso eu digo sim, por favor. Faça-me um agrado — eu gostaria de me encharcar nesse bálsamo.

A maioria de nós, em algum momento, se pergunta se aquilo em que acreditamos não é verdade. Eu já me perguntei. Já me deixei levar pela possibilidade de que isto aqui é tudo o que há, que nossa noção de redenção e vida eterna não passa de ficção, algo que aprendi na infância e cresci emocionalmente presa a essa ideia. Não há céu e não há Deus.

A certa altura, contudo, decidi que nada disso importava. Realmente não importava se eu chegasse ao fim da vida, morresse e concluísse que era tudo mentira, que eu estava errada o tempo todo. Ainda preferia passar a vida acreditando.

É nisto que tudo se resume para mim: prefiro ter esperança e estar errada a não ter esperança e estar certa.

Prefiro passar a vida acreditando, com otimismo e expectativa, mesmo que um dia eu seja considerada tola. Porque acreditar que o mundo não tem condição de ser redimido — e há muita coisa por aí para justificar essa posição — não é a melhor opção. Ter certeza de que o mundo está perdido não proporciona nenhum bem-estar. Não torna a vida mais suportável. O pessimismo e o desespero só acumulam mais desgosto sobre o desgosto que já existe. A falta de esperança não resolve o problema; ela o agrava.

Cada um de nós é forçado a lutar com o mal e o sofrimento. O mundo moderno e seu ciclo implacável e sem fim de notícias não nos permite esconder ou negar sua presença. Todos nós devemos encontrar sentido nisso. Encontrar sentido sem a ajuda de ninguém, com desespero e resignação? Ou encontrar sentido com a ajuda de Deus e com esperança?

Em seu livro *Evil and the Justice of God* [O mal e a justiça de Deus] N. T. Wright escreveu:

> Somos informados — ou não somos informados de uma forma que satisfaça nosso questionamento confuso — como e por que o mal radical existe dentro da criação maravilhosa, bela e essencialmente boa de Deus. Penso que um dia encontraremos a resposta, mas creio que somos incapazes de entendê-la no momento, da mesma maneira que um bebê no útero não tem as condições necessárias para pensar no mundo exterior. A promessa que recebemos, contudo, é de que Deus fará um mundo no qual tudo será bom e todo tipo de coisas será bom, um mundo no qual o perdão é uma das pedras fundamentais e a reconciliação é o cimento que mantém tudo unido.[38]

Acredito, sim, que um dia a justiça será feita, os imperfeitos serão aperfeiçoados, os não amados serão totalmente amados e todos nós seremos completamente conhecidos. Essa promessa reconhece nosso sofrimento

> **Acredito, sim, que um dia a justiça será feita, os imperfeitos serão aperfeiçoados, os não amados serão totalmente amados e todos nós seremos completamente conhecidos.**

verdadeiro aqui e nossa esperança futura: "Essa esperança não nos decepciona, porque o amor de Deus foi derramado no nosso coração por meio do Espírito Santo, que ele nos deu" (Romanos 5:5).

Ouvi uma alta voz que vinha do trono e dizia:
— Eis que o tabernáculo de Deus está com os homens, com os quais ele viverá. Eles serão os seus povos;

o próprio Deus estará com eles e será o Deus deles. Ele enxugará dos seus olhos toda lágrima. Não haverá mais morte, nem aflição, nem choro, nem dor, pois as coisas antigas já passaram.

Apocalipse 21:3-4

No final, ainda nesta vida, não poderemos saber se nossa fé está correta ou se está lamentavelmente equivocada. Mas poderemos crer. E concluí que crer é, no mínimo, a melhor maneira de viver.

Essa não é uma decisão radical que nunca teremos de rever. Escolhemos a esperança, vivemos o nosso dia, dormimos, acordamos e escolhemos ter esperança de novo. A decisão é nossa. A cada amanhecer. A partir do momento em que o alarme do celular toca.

Graças ao grande amor do SENHOR é que não somos consumidos, pois as suas misericórdias são inesgotáveis. Renovam-se cada manhã [...].

Lamentações 3:22-23

CAPÍTULO 24

UM ATO
DE DEUS

Minha querida amiga sentou-se de frente para mim. Estávamos junto à lareira, bem acomodadas e com cobertores, nossos filhos em algum lugar no porão — divertindo-se ou talvez incendiando a casa. Sinceramente, desde que eles nos deixassem a sós por alguns preciosos momentos, nada importava. Estávamos contentes, tomando café lentamente e absortas em nossa conversa.

Fazia pouco tempo que eu conhecia Laura (não é o nome verdadeiro dela!). Ela era amiga íntima de uma de minhas queridas amigas, portanto nos encontramos várias vezes por acaso e começamos a interagir imediatamente nas redes sociais. Aquela, porém, foi a primeira vez que passamos um longo tempo juntas, só nós duas. Houve uma conexão entre nós, compartilhamos nossas histórias, criamos um tipo de ligação emocional que só as mulheres sabem criar. (Na faculdade de Direito, minha colega de quarto Meridith e eu sentávamos no sofá todo domingo de manhã para ter uma conversa franca e um bom e velho choro tomando café. Chamávamos esses encontros de "Lenços e Problemas"[39] — ou T&I para abreviar.)

Agora, Laura e eu estávamos em pleno T&I. Conversamos sobre o que nos ajudou a superar alguns momentos mais difíceis de nossa vida. Ela acabara de passar por um período particularmente terrível. Havia perdido um bebê com vinte semanas de gravidez e quase perdeu a vida também por causa de uma infecção durante o processo. A dor de perder um filho foi esmagadora. No hospital, ela embalou o corpo minúsculo de seu bebê, embrulhado em um cobertor, e despediu-se dele. Perder um filho e a provação de quase perder a própria vida foram situações muito traumáticas. Mas não foi só isso. Posteriormente, ela ficou sabendo que havia sido vítima de maus conselhos médicos e, em última análise, de um médico negligente. Trauma após trauma, sofrimento após sofrimento — a compreensão cada vez maior de que havia sido enganada e manipulada por quem deveria cuidar dela destruiu seu último vestígio de resiliência. Ela desceu tanto até chegar a um desespero profundo, doente no corpo, doente no coração. Buscou ajuda em toda parte, em acupunturistas, empáticos, terapeutas, curandeiros intuitivos, gurus — estava desesperada por encontrar alívio. Enquanto seus filhos mais velhos estavam na escola, ela ficava sozinha sem nenhuma vitalidade, a não ser pela obsessiva (palavra dela) energia para encontrar alguma coisa — qualquer coisa — que a fizesse voltar ao que ela era.

Enquanto estávamos sentadas junto ao fogo, Laura percorreu um longo caminho desde aquele lugar tenebroso. Havia feito o trabalho e um pouco mais. Um ano antes, tinha participado de um retiro que provocou uma mudança profunda dentro de si. Laura passou a acreditar que, de alguma forma, foi curada por ela mesma; o poder estava dentro dela o tempo todo, como a Bruxa Boa de *O mágico de Oz* disse a Dorothy. O fruto de seu trabalho era evidente. Adotou um novo modo de vida e novas práticas para se controlar. Parou de beber (não tanto por ter problema com a bebida, ela explicou, mas porque se sentia bem demais em seu novo modo de ver a vida e não queria mudá-lo). Adquiriu uma confiança interior muito maior, passou a confiar mais em si mesma, a manter limites e a ganhar força. Era uma nova pessoa — sim, e muito melhor que antes.

Naquele dia, sentadas frente a frente, ela foi atenciosa e introspectiva e disse: "Talvez Deus tenha permitido que essas coisas acontecessem porque eu precisava passar por um período como esse". Talvez, ela raciocinou, essa tenha sido a maneira de descobrir um modo de vida melhor e um caminho melhor que agora ela trilhava com confiança.

As palavras de Laura me impressionaram e me emocionaram. Essa é muitas vezes a sabedoria à qual nos apegamos, o sentido que tentamos extrair de nosso sofrimento. Cheios de coragem, fazemos grandes esforços para encontrar algum significado no sofrimento, algum lado positivo na mais negra das tempestades. Para nós que temos fé, transformamos Deus em um personagem dessa narrativa. "Tudo acontece por um motivo", as pessoas gostam de dizer. "Deus estava lhe ensinando uma lição!" ou "Deus não lhe dará a carga maior do que você é capaz de carregar". E esta é a pior de todas: "Deus devia estar precisando de mais um anjo!", quando alguém morre cedo demais. Chegamos a nos referir a catástrofes naturais — um tornado, terremoto ou furacão — como "um ato de Deus". Como se Deus fosse um excelente meteorologista no céu enviando arbitrariamente catástrofes sobre a terra.

Não.

Não, não e não.

Quanto mais entendo e conheço Deus, mais tenho uma reação visceral a isso, apesar de ter buscado refúgio nesses tipos de sentimento muitas vezes na vida e encontrado um pouco de bem-estar neles. Tentei encontrar sentido dessa maneira na morte de meu pai. Ele era um homem extremamente complicado e atormentado. Talvez Deus o tenha livrado de uma vida de luta contínua e decepção interior quando o levou tão cedo. E um pensamento mais audacioso ainda: talvez sua morte prematura, que abalou toda a família, tenha sido, em última análise, um ato de compaixão a nós também. Porque, apesar de o adorarmos, ele era inconstante e amedrontador. Seu rigor e julgamento eram exageradamente influenciadores. Talvez sua morte tenha sido a única maneira para que nós — mamãe, Cam, Annie e eu — pudéssemos ser livres para nos tornar as pessoas que somos. É quase certo que meu pai não teria aprovado as duas carreiras profissionais que escolhi — noticiário de televisão (Superficial! Falso!) e advocacia (Já existem muitos advogados!). É uma prova tangível à nossa resiliência humana quando tentamos ver os eventos dolorosos da vida dessa maneira. E, às vezes, essas coisas contêm algumas verdades também.

Não posso, porém, acreditar que Deus seja o autor do mal. A Bíblia diz que Deus é "bom com todos; sua compaixão alcança tudo o que ele fez" (Salmos 148:9). Acredito no que ele diz. Não podemos acreditar simultaneamente em um Deus de amor e acreditar que o mesmo Deus causaria sofrimento de propósito para ensinar até mesmo a mais essencial de todas as lições. Devemos ter um padrão mais elevado sobre Deus e também uma opinião mais elevada sobre ele. Deus é Deus. Ele tem uma grande quantidade de anjos e pode ensinar lições e corrigir o rumo das coisas sem exigir sofrimento excessivo e imerecido de seus filhos.

———

Isso é importante, porque, se pensarmos de outra maneira, mesmo concluindo que nosso sofrimento teve por finalidade "um bem maior", poderemos sentir um pouco de paz em nossa aflição e um pouco de paz com Deus. Mas eu me preocupo, pois essa paz é apenas superficial. O que pode permanecer — em um lugar que talvez nem ousemos ir — é medo e ressentimento de Deus. Se você tiver um bom coração e for uma pessoa devota, pode ser que dê voz a esses pensamentos ou até permita que seus sussurros cheguem à sua consciência. Tenho um temperamento rebelde e irreverente. Sou propensa a pensar: "Tudo bem mesmo, Deus? Não havia, de fato, nenhum outro jeito para alcançares teu objetivo? Posso reconhecer e até ser grata por algumas consequências positivas, mas foi mesmo necessário me afligir dessa maneira para tal finalidade? E mesmo que eu esteja convencida de que não tinhas outra opção, aonde isso vai me levar agora? Como posso confiar em ti, Deus, se tenho medo de que estejas planejando outra calamidade para me dar mais uma dolorosa lição de vida?"

Se nossa estrutura de fé, seja ela consciente ou inconsciente, inclui uma versão de Deus impondo sofrimento a nós, isso é potencialmente problemático. No mínimo, cria um problema de confiança com Deus. Vamos levantar a guarda; uma distância será criada. Eu tenho simplesmente de acreditar que essa atitude sempre se opõe ao objetivo de Deus. Tudo o que podemos extrair das Escrituras e da vida de Cristo demonstra o intenso desejo de Deus de se aproximar de nós.

No entanto, talvez haja um pingo de verdade em ver a mão de Deus, mesmo na angústia. Talvez a resposta verdadeira não esteja tão distante assim. Deus não causa sofrimento, mas transforma nosso sofrimento em promessa. Dá um significado ao sofrimento. Transforma o choro em alegria. A redenção de circunstâncias aparentemente impossíveis é, de fato, sua especialidade.

Lembro-me da história de José no Antigo Testamento. Seus irmãos invejosos o venderam para ser escravo no Egito. Imaginaram que ele estivesse morto havia muito tempo. José, porém, perdoou os irmãos e lhes disse: "Vocês planejaram o mal contra mim, mas Deus o planejou para o bem [...]". (Gênesis 50:20).

É muito reconfortante quando nossas perspectivas são alargadas, quando vemos os eventos de nossa vida em um quadro maior, sob uma luz melhor, uma visão dos olhos de Deus que faz sentido mesmo na tristeza mais inimaginável de nossa vida. Deus não causa nenhum mal nem sofrimento. Mas pode promover transformações. Trata-se de uma distinção fenomenalmente delicada, mas é importante.

Vivemos em um mundo destroçado. Um mundo de acidentes, injustiças e doenças. Um mundo de quedas de aviões e abuso de crianças. Um mundo de mentira, manipulação e superficialidade. Um mundo em que, às vezes, parece preparado para que os ímpios prosperem (Jó 21:7).

Deus não causa sofrimento, mas transforma nosso sofrimento em promessa. Dá um significado ao sofrimento. Transforma o choro em alegria.

Esse não é o mundo que Deus planejou nem o mundo que ele permitirá que dure para sempre. Mas enquanto estamos aqui, enquanto Deus está preparando um resgate cósmico e uma reconciliação que estão muito além do nosso entendimento, ele promete estar presente conosco. Promete transformar o mal em bem. Promete transformar o errado em algo que é certo.

Isso *é* um ato de Deus.

CAPÍTULO 25

E QUANTO
A JÓ?

Céus, temos um problema.

Tenho grande dificuldade em acreditar que Deus causa o mal e o sofrimento. Isso não condiz com o Deus que conheço. O mesmo tempo, porém, enfrentamos um fato terrivelmente doloroso e inegável. Às vezes, com a permissão de Deus. E, se ele permite o sofrimento — quando poderia impedi-lo —, qual é a diferença? Pode ser também que foi ele quem o tenha causado.

Não gosto dessa verdade, mas não posso fugir dela nem dourar a pílula. Se realmente acreditamos em um Deus todo-poderoso, com soberania sobrenatural em relação ao tempo e ao espaço, então precisamos acreditar que ele tem poder para nos proteger e nos guardar do mal — e, às vezes, não o usa.

Por quê?

Para mim, esse é o insuperável "Por que, Deus?" — a insuperável ameaça à minha fé. Não consigo imaginar nenhum desafio maior à nossa fé do que quando algo devastador acontece conosco ou, pior ainda, com alguém que amamos.

Alguns anos atrás, o programa *60 Minutes* fez um perfil dos pais que perderam filhos no massacre de Sandy Hook.[40] A história apresentava uma variedade de famílias e as diferentes maneiras que lidavam com o inimaginável. No final da apresentação, uma mulher chamada Nelba Márquez-Greene apareceu. Ela era uma mãe firme e forte, de cabelos encaracolados e olhos brilhantes, que havia perdido naquele dia uma filha de 6 anos de idade, Ana Grace. Talvez você se lembre das imagens da menina com rosto angelical e cabelos encaracolados como a mãe, sentada com o irmão ao piano, acompanhando-o com muito entusiasmo enquanto ele tocava "Come, Thou Almighty King" ["Vem, ó Deus todo-poderoso"].

Os Márquez-Greenes são uma família de grande fé. "E o que essa fé representa agora?", perguntou o entrevistador à mãe. "Como a senhora continua a ter fé diante de uma perda tão grande?"

Nunca me esquecerei de sua resposta. Tenho compartilhado suas palavras com outras pessoas ao longo dos anos e, até hoje, não consigo pronunciá-las sem que um soluço me chegue à garganta. Nelba respondeu: "No momento em que eu me reunir com ela, vou querer ouvir duas coisas. Quero ouvir: 'Muito bem, minha boa e fiel serva'. E quero ouvir: 'Oi, mamãe!'"[41]

Como reconciliar sofrimento imerecido com fé em Deus? As palavras de Nelba mostram como. A fé não explica e não pode explicar por que os inocentes sofrem. Ela simplesmente nos dá a esperança de que existe um lugar e um tempo em que esse sofrimento terminará, quando as conexões vão ser restauradas, quando a vida será eterna — "na terra como no céu" (Mateus 6:10).

Anos depois, encontrei-me com Nelba. Suas palavras e seu exemplo haviam se alojado em meu coração. Não conseguia afastá-la de meus pensamentos... e não queria. Por fim, reuni coragem e convidei-a para almoçar comigo. Queria entender mais sobre sua fé e dor — de que modo ela encontrava sentido em algo que não tinha sentido. Encontramo-nos em uma vinícola não muito longe de sua casa. Ela levou saladas, fatias de bolo de amêndoas e uma cópia do sermão do pastor no culto em memória de Ana Grace. Nelba era uma mulher sensível, sincera e de espírito generoso. Sua própria existência é uma vitória do bem sobre o mal.

Nelba contou-me que seis meses antes do tiroteio, ela e o marido haviam participado de um estudo bíblico na igreja de Winnipeg, Canadá, a cidade onde moraram tempos atrás. Nelba nasceu em Porto Rico; ela e o marido, Jimy, foram criados em Connecticut. Poucos meses antes do massacre, eles haviam se mudado de volta ao nordeste do país, a uma nova cidade chamada ironicamente de Newtown, sonhando encontrar um lugar para criar os filhos, um lugar mais seguro e mais tranquilo do que os outros que haviam conhecido.

O estudo bíblico concentrava-se em Jó — para mim, um dos livros mais complexos e perturbadores da Bíblia. A história conta que Jó era um homem de fé, piedoso, que Deus permitiu

A fé não explica e não pode explicar por que os inocentes sofrem. Ela simplesmente nos dá a esperança de que existe um lugar e um tempo em que esse sofrimento terminará.

ser posto à prova severamente. Jó perdeu tudo: saúde, posição na comunidade, amigos, família. Ainda assim, ele se apegou à fé em Deus, desafiando as previsões de Satanás de que as pessoas continuam fiéis somente quando são abençoadas, que abandonam a fé ao primeiro sinal de sofrimento.

Jó não se desviou de seu compromisso e, no final, tendo provado sua devoção, Deus o abençoou, devolvendo tudo o que ele havia perdido: saúde, posição, poder e até uma nova família.

Jamais gostei dessa história. Mesmo que Deus tenha transformado "em bem" tudo aquilo que Jó perdeu, quem deseja uma família substituta? Como é possível reaver o que foi perdido se Deus permitiu que passássemos por tão grande sofrimento? Como é possível voltar a confiar nele?

Nelba vê as coisas de forma diferente. E, se ela consegue, com certeza eu também consigo. É necessário que eu consiga. Nelba acredita que Deus lhe deu aquele estudo de Jó com a finalidade de prepará-la para o que viria. Assim, naquele dia de desespero, ela e o marido seriam equipados com "uma fé robusta e corajosa". *Uma fé robusta, corajosa, inflexível.* Essas foram as palavras usadas pelo pastor de Nelba em seu sermão comovente e poderoso no culto em memória de Ana Grace. Aquele sermão cuja cópia ela levou ao nosso almoço.

Nelba contou-me uma história extraordinária sobre um de seus momentos mais tenebrosos. Após o assassinato de Ana, sufocada com tanta tristeza e sofrimento, Nelba orou com desespero: "Vou fazer qualquer coisa, até entregar minha alma a Satanás, só para passar um momento a mais com a minha menina." Ela caiu em sono profundo e teve um sonho. Eu chamaria esse sonho de uma visão do Antigo Testamento. Ela sonhou que estava com Ana de novo, mas não havia nenhum Deus. Foi uma realidade sombria e insuportável. Quando acordou, ela estava mudada. Sabia que essa estrada solitária e em ruínas na qual foi forçada a caminhar, essa nova vida de sofrimento que agora tinha pela frente, continuaria a ser uma caminhada e uma vida de fé. Fé corajosa, robusta, inflexível.

Quando meu pai morreu, lembro-me de que algumas amigas me perguntaram se eu continuava a acreditar em Deus, se a morte súbita dele aos 49 anos de idade não havia abalado minha fé. "Não", eu disse. "Essas coisas acontecem quando eu mais necessito de Deus." Nelba disse algo semelhante. Nunca pensou em abandonar sua fé; nunca pensou em abandonar Deus. Mas disse: "Tenho muitas perguntas para ele."

Essa é a resposta. Não há nenhuma resposta. Às vezes, fé é simplesmente escolher viver, escolher coexistir com perguntas para as quais nunca receberemos uma explicação satisfatória. Não nesta vida.

Certa vez, alguém perguntou ao famoso pastor Tim Keller por que um Deus bom permite sofrimento imerecido. Ele disse que qualquer resposta que ele desse seria como balde cheio com apenas três quartos.[42] É um mistério. Não sabemos. Deus não nos dá essas respostas. Ele apenas se dá a nós.

> — Assim acontece com vocês: agora é hora de tristeza para vocês, mas eu os verei outra vez, e vocês se alegrarão, e ninguém tirará essa alegria de vocês.
>
> João 16:22-23

Naquele dia, não teremos mais perguntas. Teremos entendimento e, mais importante ainda, teremos Deus. Teremos vida; teremos eternidade. Teremos nossos queridos devolvidos a nós. Não haverá mais choro, não haverá mais angústia, não haverá mais luto. O céu é o mundo que Deus sempre planejou.

CAPÍTULO 26

QUERO IR PARA CASA

Sou grato pelo tempo que Deus me concedeu,
mas estou pronto para ver Jesus. Mal posso
esperar para ver Jesus. Quero ir para casa.[43]

Timothy J. Keller

Dentre todas as palavras que imagino proferir em meu
leito de morte, não tenho certeza se vou conseguir dizer
todas essas. Amo Deus e acredito verdadeiramente
em suas promessas de uma eternidade melhor, mas, quando

o momento decisivo chega, esse é ainda um salto gigantesco. Ninguém vive para contar o que acontece depois (por definição). Quando estiver frente a frente com a morte, não sei se terei a expectativa, a disposição calma e surpreendentemente esperançosa de Timothy Keller.

Keller foi um pastor e professor que muito admiro. Durante anos, frequentei sua igreja, Redeemer Presbyterian, em Nova York. Ele morreu aos 72 anos de idade depois de uma longa luta contra o câncer. Lembro-me de quando eu pensava que as pessoas na casa dos 70 anos eram velhas. Não penso mais assim. Ele era muito novo.

Timothy Keller ("Dr. K" como eu e Lindsay, minha amiga íntima e frequentadora da igreja, o apelidamos) teve enorme influência em minha compreensão a respeito de Deus. Ele era um pregador tão talentoso que a igreja que fundou no centro de Nova York — não considerada exatamente uma meca religiosa — se expandiu para quatro locais. Nos domingos de manhã, ele ia de um culto a outro na cidade. Chegava depois que o culto começava, pregava o sermão e, quando terminava, saía pela porta dos fundos para ir à próxima igreja. Não podia estar em quatro lugares ao mesmo tempo, portanto você nunca tinha certeza de qual domingo ele estaria em sua igreja. Se tentasse ligar antes para saber em que culto ele pregaria, a recepcionista da igreja não informava, para que as outras igrejas não ficassem vazias. Assim, você arriscava e ia ao culto que lhe agradava, na esperança de conseguir o que queria naquela semana. O coração das pessoas se animava quando elas o viam entrar silenciosamente durante os hinos. Isso fazia da igreja um lugar secreto onde Bono fazia uma apresentação acústica de surpresa. Pensando dessa forma, era o que havia de melhor em Manhattan, onde a disputa por uma boa mesa ou por um evento imperdível é um modo de vida.

Muitas pessoas me recomendaram conhecer a Redeemer quando me mudei para Nova York. A primeira vez que fui até lá, não entendi o motivo do alvoroço. Seus sermões eram modestos; sua aparência, comum. O culto da igreja era sério e monótono, com hinos antigos acompanhados por piano. O texto era didático, arcaico e impenetrável, lido respeitosamente. Então, Tim se levantava para falar. De sua boca jorrava uma brilhante exposição de ensinamentos bíblicos que era, de alguma forma, acadêmica e emocional. O coração e a mente dos ouvintes adquiriam vida. O sentimento fazia lembrar os dois discípulos no caminho de Emaús: "Não ardia o nosso coração enquanto ele nos falava no caminho e nos explicava as Escrituras?" (Lucas 24:32).

Os corações ardiam quando Tim pregava a Palavra. Ele tinha o dom de dar vida aos ensinamentos arcaicos. Suas observações eram brilhantes e comoventes, apimentadas com seu humor sutil. Ele era propenso a declarações assertivas, concisas e penetrantes como: "Você é ao mesmo tempo mais pecador e imperfeito do que jamais ousou acreditar, porém muito mais amado e aceito do que jamais ousou acreditar".[44]

Não conheci Tim pessoalmente, nunca me encontrei com ele. Mas seus ensinamentos me levaram a conhecer Deus de uma forma que nunca imaginei. Mesmo depois que me mudei e parei de frequentar a Redeemer, continuei a comprar seus livros, ouvir seus sermões *on-line* e segui-lo nas redes sociais. Foi assim que, em maio de 2023, vi uma postagem de seu filho informando que Tim estava em seus últimos dias de vida e havia sido transportado para uma clínica a fim de receber tratamento paliativo. A hora de Tim estava chegando. "Sua família está muito triste porque todos queríamos que ele tivesse mais tempo de vida", seu filho Michael escreveu.[45] Mas, quanto a Tim, ele queria ver Jesus.

Mal posso esperar para ver Jesus.

Observe a escolha da palavra. Ele queria *ver* Jesus, não *conhecer* Jesus. Tim não tinha medo do lugar para onde estava indo porque conhecia alguém lá. Estava indo ver Jesus. Ele já o conhecia.

Quando penso na morte em si ou em morrer, quando o medo surge, esse pensamento me consola. De tudo o que não se conhece a respeito do que vem depois — Onde estarei? Como será? O que fazemos lá o dia inteiro? —, conhecemos apenas Jesus. É mais ou menos como o medo que sentimos de ir a uma festa ou a um evento de trabalho porque o local vai estar repleto de pessoas estranhas. Seria mais tolerável se descobríssemos que conhecemos pelo menos uma pessoa entre as que estarão presentes. No caso de vida após a morte, o único alívio que tenho é que serei recebida por um amigo, não por um estranho.

> Jesus é o nosso elo entre este mundo e o próximo.

Jesus é o nosso elo entre este mundo e o próximo. Ele está lá e está aqui. Às vezes, penso em seus braços abertos na cruz. Imagino uma das mãos tentando alcançar o próximo mundo e a outra tentando alcançar as nossas mãos. Ele é a conexão. Ele é a maneira pela qual podemos ficar de mãos dadas com a eternidade.

Às vezes, isso me dá grande alívio. E, às vezes, ainda tenho medo.

Quando o viram, o adoraram; alguns, porém, duvidaram.

Mateus 28:17

Os discípulos acreditaram, mas duvidaram. Crença e descrença em uma frase curta. Existe algo melhor para englobar o que é ser humano? Vemos apenas uma parte do que Deus está fazendo, não o quadro inteiro. A morte é o maior dos mistérios. Temos medo, claro. Temos perguntas, claro. Acreditamos, sim — e duvidamos. Deus aceita tanto o fato de acreditarmos quanto o fato de duvidarmos. Ele sabe e entende.

Em seu leito de morte, Tim disse ao filho: "Para mim, não há nenhuma desvantagem em ir embora — nenhuma".[46] Amo essa certeza. Amo suas declarações assertivas — concisas e penetrantes — do começo ao fim. Anseio ter essa fé, essa certeza, essa esperança. Tim foi meu mestre até seu último suspiro, embora não o tenha conhecido pessoalmente. Ainda não. Mal posso esperar para vê-lo.

SEXTA PARTE

PROPÓSITO

CAPÍTULO 27

A FRAGRÂNCIA
DO EVANGELHO

Na adolescência, quando eu frequentava a igreja, os grupos de jovens sempre nos pressionavam para falar de Cristo aos nossos amigos e amigas, para "testemunhar" aos outros sobre nossa fé. (A palavra "testemunhar" era usada como verbo dessa maneira! Uma afronta à gramática e também à delicada psique dos adolescentes.) Essa era praticamente a última coisa que eu queria fazer. Durante grande parte da adolescência, eu queria me misturar com as pessoas e desaparecer. Não queria ser diferente em nada de qualquer outro ser humano pertencente ao meu círculo de adolescentes. Odiava meus cabelos encaracolados. Odiava minha estrutura rechonchuda. Não gostava sequer do meu nome. Era muito diferente, especialmente naquela época. Savannah? Era impossível encontrar esse nome naqueles chaveirinhos de placa de carro que você implorava para sua mãe comprar na lojinha do supermercado. Por que eu não me chamava Bridget, Denise ou Jenny? Tudo o que me tornava diferente era motivo de grande humilhação.

Por exemplo, eu sentia uma vergonha (inexplicável) porque o guidão da minha bicicleta que meus pais haviam suado para comprar para mim no Natal era diferente do guidão das bicicletas das minhas amigas. Os delas eram curvos; o meu era reto. Uma diferença enorme para ter de lidar com ela. Assim, era raro eu andar de bicicleta, para perplexidade e desalento de meus pais. A bicicleta ficava guardada na garagem, brilhante e quase sem ser usada — um motivo de vergonha para mim na escola e um motivo de culpa e vergonha em casa, sabendo que magoava meus pais por desprezar tanto um presente que eles trabalharam muito para tornar realidade.

Assim, quando o jovem pastor nos disse que deveríamos falar de Jesus aos nossos amigos para que eles fossem "salvos", a minha resposta foi um grande "não, obrigada". E, até ao chegar à faculdade no início da fase adulta, eu não era totalmente sincera sobre fé e religião. Não as escondia, mas não queria incluir o assunto na conversa. (Com certeza, minha vida também não era um modelo de retidão moral — sim, fui eu que levei uma embalagem com seis cervejas à festa da escola!) Por volta dos 30 anos de idade, reli algumas páginas de meu diário e me repreendi por não ter sido mais incisiva sobre minha fé. Confessei naquelas páginas que até minhas amigas mais queridas não tinham ideia do quanto minha fé era importante para mim. Deus era um segredinho feio que eu carregava.

Para piorar a situação, eu certamente não queria estar na companhia dos que via proclamando ser cristãos, em voz alta e com orgulho. Os que participavam de protestos com enormes cartazes dizendo: "Deus odeia [inclua grupo *X*]". Deus odeia? Como assim? Citando Bon Jovi: "Você mancha a reputação do amor".[47] E mesmo assim.

Mesmo assim, mesmo assim, mesmo assim.

Não há desculpa para não falar das boas-novas de Deus. Na verdade, é mais um motivo para proclamar a Palavra. Em voz alta e com orgulho.

A questão é esta. Se você encontrou um *spray* que eliminou milagrosamente as manchas de vinho tinto em sua roupa branca, você espalha a notícia, certo? Por quê? Porque é uma ótima notícia e você quer que seus amigos também a conheçam.

Esse, para mim, é o intuito do evangelismo. É isso que devemos fazer. Conte às pessoas as boas-novas de que Deus as ama, para que elas também as conheçam. Deus cuidará do resto.

> Graças a Deus, que sempre nos conduz triunfantemente em Cristo e, por nosso intermédio, exala a fragrância do seu conhecimento em todo lugar.
>
> 2Coríntios 2:14

Fragrância. Uma palavra que sempre me impressionou. Observe que o versículo não diz *cheiro* ou *odor*, e certamente não diz *mau cheiro*. Também não se refere ao perfume exagerado que uma daquelas mulheres da igreja usa. Fragrância faz lembrar algo

Conte às pessoas as boas-novas de que Deus as ama, para que elas também as conheçam. Deus cuidará do resto.

encantador, agradável e, acima de tudo, gentil. Deus nos disse como fazer isso, exatamente com essas palavras.

Jesus Cristo não se forçou a ninguém. Ele não fazia discursos bombásticos desnecessários. Ele respondia a perguntas. Contava histórias. Falava a verdade com firmeza e naturalidade. E, quando foi rejeitado, ele não protestou nem resistiu. Na verdade, ele permitiu ser levado à morte. Seu "testemunho" foi sua vida. Seu testemunho usou poucas e preciosas palavras.

> **Pregue o evangelho o tempo todo.**
> **Quando necessário, use palavras.[48]**
> **Citação atribuída a São Francisco de Assis**

Os estudiosos discordam a respeito da formulação exata dessas palavras, de seu significado e até se foram ditas por São Francisco de Assis. (De fato, o teólogo que examinou esse manuscrito me disse que os especialistas modernos não acham mais que tenha sido São Francisco!) (Oi, Joel!) Isso é divertido para os estudiosos, mas, para nós, o ponto principal é claro: compartilhe as boas-novas que você conhece a respeito de Deus não apenas com palavras, mas também com sua vida, seu caráter, seu coração.

Compartilhe as boas-novas que você conhece a respeito de Deus não apenas com palavras, mas também com sua vida, seu caráter, seu coração.

Quem faz isso carrega a fragrância de Deus, algo que, a propósito, só é possível quando estamos perto dele. Quanto mais estamos na companhia de Deus, mais exalamos esse aroma — o aroma de amor e aceitação, de gentileza e perdão, de verdade e paz autêntica. Não temos de forçar nada. Basta estar na presença de Deus e sua essência passa a fazer parte de nós. E quando nos distanciamos dele, sim, a fragrância desaparece.

Lembro-me da história contada no Evangelho quando Maria lavou os pés de Jesus com um perfume caríssimo. A Escritura diz: "E toda a casa se encheu com a fragrância do perfume" (João 12:3). Em minha imaginação, a fragrância era o amor e a gratidão que ela sentia por estar na meiga presença de Deus.

Os que estavam ao redor de Maria protestaram por ela desperdiçar aquele perfume tão caro, que poderia ser vendido, e o dinheiro dado aos pobres. Será que eles queriam sinceramente ajudar os pobres ou queriam exercer autoridade sobre Maria? O Evangelho não diz. A não ser isto: Jesus defendeu Maria e disse a todos, acima de tudo, que não falassem mais do assunto. *Que esta fragrância seja espalhada, que o aroma se acentue a ponto de encher este local. Mágoa, tristeza e necessidade sempre estarão conosco. Precisamos que o amor, a benignidade e a bondade encham o ar também.*

> Portanto, sejam imitadores de Deus, como filhos amados, e vivam em amor, como também Cristo nos amou e se entregou por nós como oferta e sacrifício de aroma [perfume] agradável a Deus.
>
> Efésios 5:1-2

Este livro começou com aquele versículo: aquele de Efésios que antes parecia enfadonho e distante para mim. Aquele traduzido por "o que Deus faz é principalmente amar vocês". Aquele que mudou minha perspectiva de fé.

E vejam só, ali no original, algo novo para eu descobrir. *Perfume.* Devo ter lido esse versículo mil vezes e, ainda assim, acabo de vê-lo pela primeira vez. Deus realmente fala a nossa língua. Não precisamos de megafones nem de adesivos de para--choques. Não precisamos abordar pessoas na rua. Não precisamos maltratar gramaticalmente a palavra "testemu-nhar". Que possamos simplesmente exalar o agradável aroma que é um sinal revelador do tempo passado com Deus: bondade, benignidade e amor. E que essa fragrância permaneça no ar.

CAPÍTULO 28

O QUE MAIS (PODEMOS) FAZER

A imagem despertou-me de um sono profundo. Estranho, porque eu mal havia notado a última vez que ela apareceu em minha tela — talvez por tê-la visto muitas vezes antes. O comercial roda regularmente durante o dia no noticiário a cabo e é mostrado o tempo todo nas paredes de meu local de trabalho, onde os aparelhos de televisão estão instalados em cada espaço disponível, como se fossem papel de parede. Trata-se do anúncio de uma organização humanitária na África chamada Mercy Ships que oferece procedimentos médicos gratuitos a bordo de uma embarcação do tipo navio de cruzeiro para pessoas desesperadas, desfiguradas e com doenças de fácil cura e prevenção se tivessem a sorte de viver em outro lugar.

A condição dessas pessoas é chocante e devastadora: tumores faciais aumentados grotescamente até o tamanho de bolas de beisebol, crianças sofrendo com fendas palatinas avançadas. Essas foram as imagens que me despertaram no meio da noite. Pensei em todas aquelas pessoas, atormentadas pelo sofrimento, deformadas, condenadas ao ostracismo por uma cultura que entende sua condição como sinal de que foram amaldiçoadas, que de alguma forma ofenderam Deus. Vivem nas sombras, tratadas como se não fossem seres humanos.

Este foi o pensamento que me tirou o sono: "Como essas pessoas são capazes de sentir que 'o que Deus mais faz o tempo todo' é amá-las?" Um rubor de vergonha tomou conta de mim. Que visão ocidental, privilegiada e estúpida de espiritualidade!

Por que as pessoas sofrem? Pior: Porque algumas pessoas sofrem enquanto outras prosperam? Essa é a questão, o momento crucial da dúvida. A prova decisiva da fé.

Resposta? Não há resposta. Pelo menos nenhuma satisfatória. Não faz sentido. Não está certo. Não é justo. Não sei como essas pessoas esperam sentir-se amadas e estimadas por Deus se suas experiências neste mundo não passam de sofrimento. Essas perguntas são tão perturbadoras e angustiantes, as explicações apresentadas são tão insatisfatórias que entendo perfeitamente por que são consideradas muitas vezes como pedras de tropeço para a fé, um obstáculo intransponível para crer em Deus.

Tudo bem.

Mas.

Nossas perguntas espirituais válidas não deveriam ser obstáculo para fazer o que podemos em relação a isso.

O que nós mais podemos fazer o tempo todo é amá-las.

Creio que esse é o chamado divino para nós.

Como alguém que sofre injustamente sente que "o que Deus mais faz o tempo todo" é amá-lo? Quando ele sente que o amamos.

Para as pessoas que sofrem, deve ser muito difícil acreditar em Deus, um Deus tão distante, um conceito tão esotérico para ser sentido. Quem pode culpá-las? Mas o amor, o carinho e o toque de um ser humano, bem ao lado delas, poderiam fazer a diferença. Quando olhamos alguém nos olhos, oferecemos nosso casaco ou convidamos um estranho para sentar-se ao nosso lado, transmitimos o amor de Deus. Não importa se a pessoa reconhece esse gesto. Deus não é carente nem neurótico, à procura de crédito. Ele busca seu povo, todos os que são dele, para que sintam seu amor, seu cuidado e seu carinho. Ele é glorificado quando seus filhos são portadores desse amor.

Veja que coisa incrível. Deus nos convida a participar dessa obra imensa e inacabada. Você. Eu. Nós. Ele faz o maior elogio aos seres humanos ao nos

> Como alguém que sofre injustamente sente que "o que Deus mais faz o tempo todo" é amá-lo? Quando ele sente que o amamos.

recrutar para sua Grande Comissão. Ele nos nomeia seus agentes, para difundir por toda parte o amor que vemos nele.

Nova York é uma cidade repleta de pessoas do tipo A.[49] Confesso ser uma delas. Às vezes, resmungo no trabalho: "Eu mesma vou fazer esta pesquisa, reescrever o roteiro ou ligar para essa pessoa... porque é mais fácil". É a antiga mentalidade: "Se você quer fazer do jeito certo, faça você mesmo".

Já ouviu essa frase? Já disse essas palavras a você mesmo? (Culpada!) É a maior humilhação para outros, não? É como se disséssemos: "Você não é capaz de me ajudar nesta tarefa. Não vai acertar. Este trabalho é muito difícil, muito grande, muito complicado para você". Isso é falta de fé, desconfiança; é impedir que a outra pessoa tenha a chance de brilhar, de surpreender você, de aprender, de desabrochar.

Não é assim que Deus age. Ele faz o oposto. Ele diz: "Venha comigo... eu lhe mostrarei como fazer o que eu faço. Eu lhe mostrarei como amar completamente as pessoas".

Medite nisto por um momento. O Deus do Universo acredita que você é digno e capaz. Quando nos convida a realizar esse trabalho, ele dá aos seres humanos uma grande honra, a mais alta dignidade. Ele nos dá uma missão e significado.

Mais que riqueza, mais que fama, mais que conhecimento ou sabedoria, mais que beleza, mais que louvor — é o que almejamos. Propósito. Deus nos dá um propósito profundo e divino — amar uns aos outros — e convida todos a fazerem parte disso. Jesus sempre nos considerou como seu plano A.

Quando nos convida a
realizar esse trabalho,
ele dá aos seres humanos
uma grande honra,
a mais alta dignidade.

Pouco tempo atrás, presenciei uma triste cena familiar em Nova York: um homem sem-teto segurando um cartaz pedindo alimento. A cena atraiu meu olhar mais do que o normal porque havia duas crianças pequenas com ele, cada uma segurando também um cartaz. Eu estava me dirigindo a um programa extracurricular com minha filha, que tinha mais ou menos a mesma idade das crianças na rua. Pensei na diferença que havia entre a vida de nossas crianças — nos filhos daquele homem e nos meus — e na grande injustiça disso. Uma pontada de culpa tomou conta de mim. Atrasada, como sempre, continuei a andar e deixei Vale na escola, na esperança de que ela não tivesse notado ou assimilado a cena.

No caminho de volta, resolvi passar pela família de novo e perguntar se poderia comprar comida para eles. Quando cheguei, alguém já havia feito isso. As crianças estavam felizes, saboreando uma pizza saída do forno. Notei, porém, que o pai não estava comendo.

— Oi — eu disse. — Posso comprar mais alguma coisa para você comer? Há uma lanchonete do outro lado da rua. Posso lhe comprar um sanduíche.

Sua resposta me surpreendeu.

— Há um lugar logo ali que vende cordeiro — ele disse, apontando para o quarteirão seguinte.

"Ora, ora", pensei, pega de surpresa. Fiquei um pouco desconcertada por ele ter pedido uma comida específica. "Acho que os mendigos podem escolher", meu lado sarcástico gracejou internamente. Envergonhada, fiz a mim mesma a repreensão que merecia e caminhamos junto até o restaurante. Comprei comida e água para a família e segui meu caminho.

Se você pensa que estou contando essa história para me congratular por um ato de caridade, pense de novo. No caminho de casa, tive uma revelação comovente. *O que Jesus teria feito?* Tenho certeza de que muito mais do que comprar um sanduíche e ir embora. Ele teria comprado a comida, se sentado à mesa e participado da refeição. Teria perguntado ao homem qual era a sua história e indagado quais eram as suas necessidades. Teria trocado números de telefone e mantido contato.

O amor de Jesus nos chama a não nos dedicar superficialmente nem manter distância; ele não mergulha no assunto de vez em quando; e mergulha fundo e investe intencionalmente. Afinal, é assim que ele nos ama. Seu amor é um amor envolvente.

Veja bem, somos humanos. Não podemos alcançar o nível do amor incondicional que Deus sente por todos os seus filhos. Isso não significa atribuir culpa a si mesmo. É uma aspiração. É uma esperança. É um chamado. É acreditar em sua possibilidade. Você não recebe um castigo por não viver de acordo com esse nível de amor; o único erro é não tentar.

Amar pessoas estranhas é difícil. Expor-nos e ser vulneráveis é assustador — mesmo com os amigos e a família. Se deixarmos por conta de nossos instintos, a maioria de nós não consegue pôr isso em prática e também não quer. Estamos sempre muito ocupados, muito preocupados, muito envolvidos em nossas lutas verdadeiras. Mas, repletos do amor que Deus nos tem mostrado — e escolhendo mergulhar nele! —, descobrimos que temos amor em abundância para compartilhar. Um amor como esse que nos enche de alegria é difícil de ser guardado dentro de nós. Divinamente auxiliados pelo próprio Deus, sentimos que

> Seu amor é um amor envolvente.

somos capazes de fazer muito mais do que imaginamos ser possível. Ele nos mostra o caminho.

Na organização Mercy Ships, os médicos dizem que a cura começa antes mesmo da administração de um medicamento, antes de ser feita uma incisão cirúrgica. A cura começa na porta da clínica, quando alguém os recebe na entrada, cumprimenta-os com um aperto de mão, olha nos olhos deles, não para as deformações deles, como se dissesse: "Eu sei que você está aí. Eu vejo você".

Somos muito tentados a desviar os olhos do sofrimento ao nosso redor. E é dolorosamente compreensível pensar: "Sinto muito. Não consigo olhar para você". A respeito desse sentimento, o enfermeiro da Mercy Ships reagiu com lágrimas: "As pessoas dizem isso a eles a vida inteira". Alguém tem de olhar para eles; alguém tem de olhar para eles nos olhos e dizer: "Você é um ser humano e vejo que isso é verdade".

Quando sentimos que não podemos agir assim — que não conseguimos chegar perto do sofrimento, da imperfeição e da dor —, imagine onde estaríamos se Deus tivesse essa mesma atitude conosco. Ele nunca faz isso. Ele não olha para nossas deformações: nosso egoísmo, nossa mesquinharia, nossa ganância, nosso fingimento. Ele olha além de nossas falhas e vê nossa alma. Vê nosso coração e quem ele planejou que fôssemos. E derrama seu amor em profusão.

E é principalmente isso que podemos tentar fazer também.

> O SENHOR é bom [...] a sua compaixão alcança tudo o que ele fez.
>
> Salmos 145:9

Ele olha além de nossas falhas
e vê nossa alma. Vê nosso
coração e quem ele planejou
que fôssemos. E derrama seu
amor em profusão.

CAPÍTULO 29

FORMATURA

De vez em quando, sou convidada a fazer o discurso de colação de grau para os formandos da faculdade. Não é apenas um privilégio, mas as universidades geralmente concedem essa regalia a quem tem um título honorário! (Não sei o que devemos fazer com um título honorário, mas imagino que seja como sapatos — será que não temos sapatos demais?) Quando sou convidada, normalmente digo sim e então... imediatamente gostaria de não ter aceitado. É amedrontador pensar em transmitir uma mensagem convincente, significativa e relevante a pessoas que estão chegando à fase adulta da vida. O que você queria ouvir do orador de sua formatura? Você lembra quem foi o orador? Exatamente. Apenas imagino aqueles pobres formandos, com um chapéu de formatura na cabeça, de ressaca e assando sob o sol do fim de primavera, sonhando com um Bloody Mary "especial" no almoço, desejando que seu orador — "Quem é essa pessoa de novo?" — encerrasse... seu... discurso.

Ou talvez fosse só eu.

Por outro lado, falar à próxima geração é também uma oportunidade incrível de parar e fazer um balanço de nossa vida, ampliar nossa experiência e colher o que aprendemos. Hoda Kobt, minha querida amiga e colega no *TODAY*, gosta muito de ouvir os discursos de formatura para se fortalecer em seu tempo livre (enquanto o resto de nós, preguiçosos, relaxamos com um *reality show* de mulheres ricas). Minha amiga diz que os melhores oradores "dão tudo o que têm". Ajuntam toda a experiência e conhecimento que acumularam durante a vida e os colocam ali — como se estivessem esvaziando os bolsos para encontrar o último centavo de troco. É como torcer a vida para espremer a última gota de sabedoria.

Eu realmente sinto pena desses jovens adultos que estão começando a vida e a carreira profissional. Estão no precipício, com a vida inteira pela frente; têm muita coisa para aguardar. Mas eles têm também aquele caldo emocional carregado de incerteza, esperança, medo e ambição. Nunca entendi os adultos de meia-idade que romantizam a juventude. Eu aceitaria, claro, um rosto sem rugas (e até alguma coisa parecida com barriga tanquinho), mas não desejo as preocupações da juventude ao meu maior inimigo. Lembro-me da minha preocupação angustiante: "Será que vou encontrar a pessoa certa e ter uma família? Será que vou sair desta cidade e conseguir sobreviver sozinha?" Algo como ambição queimava dentro de mim, mas eu era insegura, medrosa e, de vez em quando, indolente, sem saber onde começar.

Portanto, quando estou em pé na plataforma no dia da formatura, imagino falar comigo mesma no meio do povo — falar com aquela jovem dentro de mim de 21 anos de idade com grandes esperanças e cabelo volumoso. O que eu gostaria de dizer a ela? Algo mais ou menos assim.

Você sabe quantas vezes vai "arruinar sua vida" ou "arruinar sua carreira"? Muitas. Opa, você fez isso de novo.

No entanto, Deus não se intimida. Ele é capaz de lidar com alguns erros seus.

De fato, no momento oportuno, você ficará deslumbrado com a facilidade que ele tem de moldar seus erros em algo surpreendente e belo.

———

Às vezes, quando as pessoas me perguntam como "cheguei aqui", tenho de sorrir. Não foi uma linha reta. Foi uma linha em zigue-zague, pontilhada, às vezes interrompida com pausas, desvios e acidentes. Começos que terminaram rápido demais. Fins que se transformaram em começos.

O começo é um bom lugar para ser lembrado — percorrer todo o caminho de volta até meu primeiro emprego em um noticiário da televisão. Ninguém me ouviu gritar: "Futura apresentadora do *TODAY*!" Na verdade, fui demitida de meu primeiro emprego duas semanas após ter sido contratada.

Acabara de me formar em jornalismo pela Universidade do Arizona e tentei conseguir emprego em um noticiário de televisão. Não foi fácil. Havia empregos preciosos para apresentações ao vivo, e essa era a situação típica. Todos queriam alguém com experiência diante das câmeras. Mas como ter experiência diante

Deus não se intimida. Ele é capaz de lidar com alguns erros seus.

---

das câmeras sem ser contratada para adquiri-la? Eu precisava de uma chance; precisava de alguém que me desse a primeira oportunidade. Mas, para dizer a verdade, eu não teria me contratado. Eu era objetivamente terrível. Minha voz era estridente como a de uma garotinha, e meu cabelo — é melhor não falar dele. Mas, depois de meses de procura e de envio de currículos a todo o país, consegui um emprego na pequena cidade de Butte, em Montana — um dos menores mercados televisivos do país. Eles me contrataram, sem sequer me conhecer, pela quantia respeitável de 13 mil dólares por ano. Passei a fazer parte de uma equipe de redação de quatro pessoas (incluindo eu). Tive sorte de conseguir aquele emprego — e fiquei empolgada! Sabia que estava seguindo o meu caminho. Minhas amigas organizaram uma grande festa de despedida. "Você vai ser a próxima Joan Lunden!",[50] disseram-me com muito entusiasmo.

Saí de minha cidade natal no Arizona — a primeira vez que passei a morar longe de casa. Meu pai faleceu pouco antes de meu último ano no Ensino Médio, e minha irmã e eu ingressamos na universidade local. Não tínhamos dinheiro para pagar dormitório na faculdade, portanto morávamos em casa. De qualquer forma, nós duas achávamos que precisávamos fazer companhia à minha mãe. A mudança para Butte, em Montana, após a formatura, foi um acontecimento importante para minha vida e para minha carreira profissional.

Lotei meu carro com bagagem para uma viagem de dois dias. Minha mãe foi comigo e me ajudou a encontrar meu primeiro apartamento minúsculo, de um quarto, em um prédio que aparentemente não havia sido reformado desde o auge da mineração em Butte, no fim do século 19. Lembro-me da alegria de ter ido ao *shopping* com minha mãe para comprar as coisas necessárias para montar meu apartamento. Até hoje consigo ver o conjunto de quatro peças de louça com pequenas flores azuis e amarelas que ela comprou para mim (ainda tenho uma das canecas). Estava entusiasmada por começar minha vida. Um apartamento só meu, uma nova cidade, um emprego de verdade. Em meu primeiro dia de trabalho, cheguei usando um *blazer* vermelho, ansiosa por começar. *Butte, Montana, aqui estou.*

Dez dias depois, eles fecharam a emissora. Sério. Acabou. Não me pergunte por que os donos da emissora não planejaram aquele corte no orçamento antes de eu gastar o último centavo que tinha, arrastando-me pelo país, mas foi o que aconteceu. Em menos de duas semanas de trabalho na televisão, fui demitida.

Senti-me arrasada, humilhada. Lá estava eu, sentada de pernas cruzadas em minha cama naquele apartamento minúsculo com o aquecedor barulhento, chorando pela carreira que acabou antes mesmo de começar. "Vou rir disto um dia", lembro-me de ter dito a mim mesma. "Mas esse dia não é hoje." Senti que chegara ao fundo do poço. (E, se a memória não falha, cheguei ao fundo de muitas cervejas.) Não tinha outro lugar aonde ir, a não ser voltar para casa, para meu quarto de criança, para minhas amigas que, cheias de esperança, haviam se despedido de mim apenas algumas semanas antes. Fracasso. Dirigi pelo trajeto de dois dias de volta para casa passando por Idaho, Utah e Arizona, totalmente sozinha com meus pensamentos. Sentia dó de mim. Perguntei a mim mesma se deveria deixar esse sonho louco de lado e conseguir um emprego normal de relações-públicas como muitas amigas minhas haviam feito.

Depois, porém, de lamber minhas feridas durante algumas semanas, decidi prosseguir. Comecei a procurar emprego novamente. Ponto de partida: enviar currículos para todo o país, na tentativa de conseguir a primeira grande chance de novo. De fato, depois de mais ou menos um mês, consegui. E veja só — desta vez o emprego era melhor. Muito melhor. Um mercado maior, uma sala de redação maior. Até um salário maior (15 mil dólares!). E mais importante ainda: eu não teria conseguido o emprego se não tivesse a experiência, mesmo que rápida, de meu trabalho de dez dias em Butte, Montana.

Lição um: não existe essa coisa de oportunidade perdida — não se estivermos determinados a tirar algum proveito disso. Siga em frente.

Lição dois: você tem de sair de casa.

Não literalmente, claro. Não é necessário fazer uma peregrinação de Tucson a Butte. Mas você pode ter de deixar sua base emocional, sua zona de conforto, seus interesses pessoais, o lugar onde você se sente seguro, onde está com a razão e raramente é desafiado. Conforto não é o lugar onde a ação está. Não é onde vai encontrar quem você é de verdade.

Para descobrir seu propósito, provavelmente você precisa ficar desconfortável. Não sei por que, mas as estações mais frutíferas da floração e do crescimento estão sempre, sempre, inevitavelmente, do outro lado do risco. Do outro lado de uma escolha ousada. No limite, esperando por você, do outro lado do seu medo.

Deus está esperando ali também.

Quando saímos da nossa zona de conforto, damos um passo em direção à nossa necessidade. É aí que Deus tem a chance de fazer o que pretende. Sim, ele nos mostra do que somos feitos,

> Conforto não é o lugar onde a ação está. Não é onde vai encontrar quem você é de verdade.

mas mostra também do que ele é feito. Apoiamo-nos nele, confiamos nele, esperamos nele — e começamos a conhecê-lo de uma forma totalmente nova.

Vamos esclarecer o assunto. Não se trata de uma garantia vaga de que ele vai fazer as coisas exatamente da maneira que você queria. Trata-se de uma simples certeza de que ele estará presente para segurar você. E o salto valerá a pena, mesmo que sirva só como aprendizado.

———

Já dei alguns saltos na vida. Lembra-se do trabalho na televisão do qual falamos agora há pouco? Aquele trabalho que me esforcei tanto para começar? Estava indo muito bem. Trabalhei durante quase seis anos em notícias locais, passando de uma emissora pequena para outra maior e voltando à minha cidade para ser âncora do noticiário do fim de semana na afiliada local da NBC. Tinha um bom emprego, um apartamento decente e estava cercada da família e dos amigos.

Foi então que decidi abandoná-lo e cursar a faculdade de direito (ruína de minha carreira número dois).

Mudei-me para o outro lado do país — Washington, D.C.—, deixando família e amigos para trás de novo.

Avanço rápido. (Você quer mesmo ouvir falar sobre contratos, estatutos e delitos?) Formei-me em Direito em Georgetown.

Fui aprovada para exercer a profissão e contratada por uma grande empresa de advocacia. Consegui um estágio com um famoso juiz federal. Era o tipo de oportunidade que os jovens advogados almejam, o tipo de movimento capaz de impulsionar sua carreira, colocá-lo no caminho para um sucesso jurídico estrondoso.

Eu estava a poucos meses de me apresentar para trabalhar no tribunal. Minha carreira estava definida.

Então, tive uma epifania. Aquele não era realmente o meu sonho. Talvez fosse de outra pessoa, mas não meu. Em todos aqueles anos, eu sentia vergonha de admitir a mim mesma a minha ambição. Mas, de repente, não consegui negá-la. O que eu queria mesmo era voltar às minhas raízes no jornalismo. Ainda acalentava aquele sonho irritante de ter sucesso nos noticiários de televisão — desta vez em âmbito nacional. O que fiz a seguir foi insano e impensável. Abandonei o estágio antes mesmo de começar.

(Contagem de ruínas de carreira: três.)

Não sei até que ponto você ouviu falar desses estágios, mas ninguém jamais diz não a um juiz federal. Isso não acontece. Fui conhecer o juiz, para me demitir pessoalmente. Nunca me esquecerei do que ele me perguntou. "Você tem um emprego?" Respondi que não. "Você tem alguma perspectiva, algumas indicações?" Movimentei a cabeça negativamente. Não.

"Está bem", ele disse, desconcertado diante daquela lunática em seu escritório, provavelmente se perguntando o que ele havia visto de especial em mim. Mas decidiu educadamente tentar salvar a situação e aconselhar-me. "Entendo o que você está dizendo", ele prosseguiu. "Mas que tal você trabalhar para mim durante um ano? Isso só aumentará as suas oportunidades e depois você pode ir atrás de seus sonhos."

Só eu e ele. Sentados no sofá de sua austera sala de audiências. Momento da verdade.

Olhei para ele e disse: "Sei que o senhor está certo, e tudo o que diz faz perfeito sentido. Mas eu também me conheço e sei que, se não fizer isto agora, jamais terei coragem para fazê-lo de novo."

Ele suspirou, sorriu, desejou-me sorte e conduziu-me até a porta. Um grande ser humano.

Foi o meu momento da verdade, o meu momento de dar um salto.

Saí daquele tribunal e percebi que não tinha... nada. Tinha menos que nada. Havia jogado fora todo o meu futuro perfeitamente planejado como advogada. Mas, de qualquer forma, dei um salto e, para encurtar a história, fui contratada alguns meses depois por um grupo de empresas de advocacia. Os julgamentos televisionados estavam no auge, e a TV Justiça estava procurando um correspondente que fosse advogado e tivesse experiência em programas ao vivo. Em outras palavras, era a posição perfeita para mim. E, assim, minhas múltiplas ruínas de carreira se tornaram meu caminho profissional. Meu sonho começou a tornar-se realidade.

———

Não estou aqui para dizer que foi fácil. Houve alguns meses de desolação. Longas noites virando na cama de um lado para o outro e cheia de dúvidas. Eu não sabia que haveria um final feliz. E esse é o problema.

É preciso dar um ou dois saltos por vez nesta vida. Às vezes, a decisão é sua; às vezes, a vida nos empurra para a beira do precipício. Você salta e, às vezes, cai com firmeza. Lá está você — com os dois pés firmes no chão. Pernas fortes. Ânimo em alta. Olhando para trás com um enorme sorriso no rosto... as pessoas se ajuntam e olham deslumbradas para você. Acenam e aplaudem; ficam maravilhadas diante de seu brilho e graça. Você recebe 10 bilhões de "gostei" nas redes sociais.

E outras vezes — mais do que eu gostaria de lhe dizer — você não cai com firmeza. Cambaleia e cai de joelhos. Ou cai à distância de um quilômetro do alvo. E cai fundo. Você vai se machucar, ficar arranhado e envergonhado e sangrar um pouco. E o que vai fazer a seguir determinará tudo. Você vai subir.

E vai subir com determinação porque não está subindo sozinho. Deus está com você e ele é por você. Na verdade, ele está pronto para carregá-lo se você permitir. Em meio a fracassos e tropeços, você descobre que Deus é leal e verdadeiro. Não consigo imaginar nenhuma outra experiência que nos conecte com mais firmeza a ele e fortaleça a nossa fé.

> Até nossas decisões erradas têm conserto; o processo nunca acaba.

Estou de volta ao pódio, trajando roupa quente e um chapéu idiota, e segurando meu diploma falso. Chegou o dia de minha formatura.

É isso aí. E de bolsos vazios. Essas são as coisas que eu gostaria de dizer ao meu eu mais jovem.

Até nossas decisões erradas têm conserto; o processo nunca acaba. Esta escolha ou aquela escolha não é o fim definitivo nem o único começo possível. Seja o que for que você fez — com sensatez, claro (e de acordo com a lei) —, você não destruiu irreversivelmente sua vida ou sua carreira. Você pode apenas estar seguindo um caminho diferente.

Ou talvez tenha se desviado completamente do caminho, tornando a viagem mais difícil e mais sinuosa. Esse é um grande momento para Deus brilhar. Convide-o a entrar em seu caos.

Fé é acreditar que Deus o levará ao lugar no qual você deveria estar, de uma forma ou de outra. Você não pode deixar de seguir seu destino. Ele não vai permitir.

Deus pode remodelar nossas desventuras e erros em algo capaz de nos redimir. Os desafios que encontramos pela frente, as ribanceiras que subimos, o peso que carregamos — é isso que nos torna dignos e fortes. É isso que nos prepara para a grandeza futura e os nossos saltos mais impressionantes.

Por que a vida tem de ser assim? Não sei, e você também não sabe. É assim que ela é. Portanto, aprenda a ser amigo de seus problemas — faça deles seus mestres, não seus algozes. Ou imagine que estão salvando você, apontando para uma direção diferente, para o que é realmente importante para você.

Aqui está o que sei. Seus obstáculos, seus lugares destroçados, os lugares onde você foi curado, as coisas que superou — essa é a origem de sua força e também a origem de sua beleza. Chegará um tempo em que você vai dizer: "Estou feliz porque aquela coisa que eu temia ou que me aterrorizava aconteceu, pois eu não seria eu sem ela. Não teria aprendido o significado de compaixão ou empatia. Não teria conhecido a determinação ou a coragem que existem na profundidade do meu ser".

Em meio a riscos, em meio a adversidades, Deus se revela e revela o nosso verdadeiro eu. Nosso propósito, nossa importância, nosso significado. Esse caminho, nós não podemos arruinar.

No coração, o homem planeja o seu caminho, mas o SENHOR determina os seus passos.

Provérbios 16:9

CAPÍTULO 30

COMUNHÃO

"O corpo de Cristo, partido por você. O sangue de Cristo, derramado por você."

As palavras sagradas da Comunhão, proferidas semanalmente nas igrejas do mundo inteiro, em quase todas as línguas imagináveis. As palavras exatas diferem de acordo com a denominação ou tradição, mas o ritual é o mesmo, a cerimônia instituída por Jesus na Última Ceia. Já ouvi uma versão dessas palavras centenas, até milhares, de vezes. Talvez você também tenha ouvido. Mas, até recentemente, eu nunca as havia proferido.

Na minha igreja em Nova York, como na maioria das igrejas, os voluntários são muito importantes. Recepcionistas voluntários, organizadores voluntários, desmontadores voluntários, voluntários que cuidam de aparelhos audiovisuais, cantores voluntários do coral, leitores voluntários, organizadores voluntários de voluntários. Nossos amados pastores são os líderes da igreja, mas, quando o domingo chega, os membros da igreja fazem o local funcionar.

Em nossos cultos, até os frequentadores da igreja ajudam na Comunhão. Apesar de frequentar essa igreja por quase uma década, sempre ajudando a escrever orações ou uma bênção (e até pregando um "sermão" uma ou duas vezes!), em todos esses anos nunca me ofereci como voluntária para colaborar na Comunhão. Talvez por sentir-me intimidada, talvez indigna. Talvez por preferir estar sozinha na igreja, cavando meu próprio silo espiritual.

Um dia, contudo, senti-me movida a perguntar: "Vocês acham que eu poderia colaborar na Comunhão um dia?" O coordenador voluntário, supereficiente e sempre procurando preencher as lacunas na programação, anotou meu nome.

O pastor Michael segura o prato do pão; eu seguro o cálice. Ficamos no centro do santuário. A música começa. Um a um, os membros da igreja se apresentam.

Pessoas. De todos os tipos. Corações abertos, prontos para receber. Elas pegam o pão. O pastor Michael fala.

O corpo de Cristo, partido por você.

Elas mergulham o pão no cálice de vinho. Eu olho nos olhos delas.

O sangue de Cristo, derramado por você.

O ritual se repete. De novo e de novo. Elas vêm, elas vêm, elas vêm. Algumas com confiança e alegria, algumas com timidez ou desalento.

O sangue de Cristo, derramado por você.

O sangue de Cristo, derramado por você.

O sangue de Cristo, derramado por você.

É repetição, mas parece o oposto de um hábito. Cada interação parece única em si mesma, carregada de significado — um momento particular de Deus com cada coração humano.

Que privilégio raro e extraordinário compartilhar a dádiva dessa bênção, desempenhar esse papel momentâneo. Continuando em pé, observando a fila caminhar a passos lentos, fico impressionada de novo, porque a promessa de Deus de salvação, sua grande aliança de redenção com a humanidade, é pessoal, específica, dirigida a cada pessoa. Pertence a mim, a você e a elas. Nisso, não existe a palavra "outro".

E, mais importante ainda, pertence a nós.

Comunhão.

A palavra em si faz-nos lembrar que o sacramento não se destina a ser servido em particular, a ser feito isoladamente. Ele é, por definição, comunitário. Temos um encontro com Deus, mas temos também um encontro uns com os outros. Fazemos isso juntos porque a promessa é para nós em conjunto — um laço que nos une uns aos outros pela eternidade. Não apenas nas manhãs de domingo. Em todos os lugares e para sempre.

É uma experiência profunda e comovente olhar os nossos semelhantes nos olhos e por um momento, por apenas uma fração de segundo, imaginar como Deus os vê — com os olhos de um pai sobre seus filhos amados.

A promessa de
Deus de salvação,
sua grande aliança
de redenção com
a humanidade, é
pessoal, específica,
dirigida a cada pessoa.

> Vejam como é grande o amor que o Pai nos concedeu, a ponto de sermos chamados filhos de Deus, o que de fato somos! [...]
>
> 1João 3:1

E, se somos filhos de Deus, então você e eu somos também irmãos e irmãs. Família.

Às vezes, essa sensação de comunidade toma conta de mim do lado de fora das paredes do santuário, enquanto caminho pelas ruas de meu bairro ou ando de metrô. Por um momento, sinto-me puxada para fora e distante da distração de meu celular ou das preocupações de meu mundo interior. Aperto os olhos mentalmente para focar melhor, tentando ver o que Deus vê.

É impressionante. Algumas pessoas me fascinam, me desagradam ou realmente me assustam. Afinal, Nova York é assim. Mas, nesses momentos de reflexão — mais raros do que deveriam ser —, eu me esforço para superar meus medos e suposições superficiais e penso em cada pessoa individualmente. Tento vê-las através dos olhos de Deus, como realmente elas são, cada uma feita à imagem dele. Eu as contemplo, lembrando que, como eu, cada ser humano segue seu próprio caminho. Para alguns, este pode ser o dia mais feliz da vida deles. Talvez tenham recebido aquela grande promoção que esperavam. Talvez tenham ganhado na loteria (por que ainda estão andando de metrô?). Para outros, este pode ser o pior dia de todos os tempos — a descoberta de uma traição, perda do emprego, um diagnóstico devastador. Para a maioria, este dia talvez seja uma terça-feira comum. De qualquer forma,

Deus conhece todos intimamente. Sua história, seu coração, suas esperanças e aspirações. Suas dores e aflições particulares.

Deus conhece até nossos ossos, células e medula — as amadas criações que ele fez "de modo assombroso e admirável" (Salmos 139:14). Sinto-me maravilhada: a maneira de Deus me conhecer, a imensidão de seus cuidados para comigo, é exatamente como ele conhece cada um deles.

O nosso Deus é uma pessoa do povo.

Sinceramente, não sei como ele faz isso. Como Deus continua a manter o seu amor "a milhares" (Êxodo 34:7)? Mais um mistério insondável, mais uma pergunta que não pode ser respondida, mais uma ocasião para o exercício de intensificarmos a fé. Deus faz isso porque ele é Deus.

É muito mais difícil para nós. Mas não significa que não devemos tentar.

> — Um novo mandamento dou a vocês: Amem uns aos outros. Como eu os amei, vocês devem amar uns aos outros.
>
> João 13:34

Somos todos diferentes. Algumas de nossas diferenças são fascinantes, inspiradoras e maravilhosas. Algumas são perturbadoras e alarmantes. Outras nos magoam ou nos aterrorizam.

Tudo em nossa cultura moderna parece projetado para nos lembrar de nossas diferenças e aumentar nossas divisões. A atração é irresistível; às vezes, até parece justa. Devemos julgar os outros? A Bíblia diz que não! ("Não julguem, e não serão julgados" [Mateus 7:1]). E a Bíblia diz que sim! ("Contudo, o homem espiritual julga todas as coisas, e ele mesmo por ninguém é julgado". [1Coríntios 2:15].)

O nosso Deus é uma pessoa do povo.

Infelizmente, até isso equivale a outro ponto de diferença entre nós.

Quando me sinto sobrecarregada com esses assuntos, ergo as mãos. Não em resignação, mas em súplica. Necessito de ajuda. Necessito de discernimento. Mas, acima de tudo, necessito de amor. Essa parte não é ambígua; não é para debate teológico. Não importa como abordamos nossos semelhantes; devemos fazer tudo com amor. Sejam quais forem as nossas diferenças.

> Permita que Deus seja tão criativo e original com os outros quanto ele é com você.[51]
> **Oswald Chambers, *My Utmost for His Highest* [Tudo para Ele]**

Quando estamos "arraigados e alicerçados no amor" (Efésios 3:17), somos fortalecidos e mais bem equipados para aceitar com amor as diferenças uns dos outros. Confiando no julgamento de Deus — em sua retidão e misericórdia — e confiando em seu caráter, podemos lutar para deixar de lado esses sentimentos de ameaça, desconfiança e antipatia e olhar uns para os outros com amor.

Continuaremos a ter discordâncias, às vezes violentas, e justificáveis. Somos humanos. Nossa fé, porém, pede que deixemos nossos medos, preocupações e ressentimentos nas mãos de Deus, de modo que só reste amor. Ele carrega o peso da diferença, para nos deixar leves.

> — Da mesma forma, brilhe a luz de vocês diante dos homens [...].
>
> Mateus 5:16

Antes de servir o pão e o cálice, o pastor Michael reserva um momento para nos lembrar que esse sacramento, a Eucaristia, significa agradecimento. "Que isto seja um gesto de que o coração de vocês está aberto", ele diz. Então, lendo as palavras da antiga liturgia, declaramos juntos a nossa fé:

> GRANDE É O MISTÉRIO DA FÉ.
> CRISTO MORREU. CRISTO RESSUSCITOU.
> CRISTO VOLTARÁ.
> ESTAS SÃO AS DÁDIVAS SANTAS DE DEUS
> PARA O POVO SANTO DE DEUS.

Uma dádiva santa. Ela se estende além do pão e do vinho. A dádiva não é apenas Comunhão, mas comunidade.

Realizamos essa prática juntos para nos lembrar que não estamos sozinhos. Não fomos criados para ser uma congregação frouxamente unida de pessoas independentes e solitárias, cada uma por sua conta. Devemos ser um só, um povo imensamente diferente de inúmeras maneiras, mas unido pelo amor que vemos em Deus.

> — [...] façam isto em memória de mim.
>
> Lucas 22:19

Não importa como abordamos nossos semelhantes; devemos fazer tudo com amor. Sejam quais forem as nossas diferenças.

CAPÍTULO 31

A ÚLTIMA PALAVRA

Certa vez, eu estava em um voo longo ouvindo a *Oprah's Master Class*, uma série de várias partes na qual personalidades talentosas e inspiradoras contam a história de sua caminhada ao sucesso. Ouvir como foi a jornada de pessoas como Maya Angelou, Tyler Perry ou John Lewis[52] é muitas vezes comovente e sempre inspirador. Podemos aprender muito com a vida de outras pessoas.

Oprah contou sobre sua jornada contra todas as possibilidades a partir de uma infância de pobreza e violência no Mississippi até chegar ao auge da influência mundial e *status* de ícone. Eu não estava ouvindo a fim de obter dicas para o meu programa, mas com certeza adoraria tomar café com ela um dia e aprender aos pés da mestra. (Oprah, ligue para mim!)

As lições que ela transmitia eram mais comoventes que táticas, provocando perguntas profundas e investigativas — a clássica e antiga Oprah. Naquela ocasião, porém, ela fez uma pergunta a si mesma. Depois de todas as lutas, de todos os sucessos e de todas as idas e vindas ao longo do caminho, ela se perguntou: "Qual é o meu propósito?"

Trata-se de uma pergunta de potencial penetrante.

A pergunta não é "Qual é o meu trabalho?" Não é "Quais são os meus objetivos?" ou "Qual é a minha identidade (mãe, esposa, filha, amiga etc.)?" E a resposta não é específica nem curta: "Estou aqui para construir casas para os pobres. Estou aqui para sustentar minha família. Estou aqui para criar bons seres humanos". Mesmo que sejam dignos e altruístas, esses não são os nossos propósitos. A pergunta é mais ampla, mais extensa, mais profunda. "Quem sou eu? Quais são os atributos que Deus concedeu exclusivamente a mim? Como usar melhor esses dons enquanto vivo neste planeta?"

> Quem sou eu? Quais são os atributos que Deus concedeu exclusivamente a mim? Como usar melhor esses dons enquanto vivo neste planeta?

Oprah tinha uma boa resposta (claro). Seu propósito — seu maior motivo para existir era "ser uma doce inspiração".[53] Era um conhecimento profundo dentro dela que ela reconheceu quando era menina na primeira vez em que falou na igreja, um chamado que a conduziu e lhe deu impulso.

Meu primeiro pensamento ao ouvir foi: "Ah, muito bom. Será que esse pode ser o meu propósito também?" Mas não podemos roubar o propósito da vida de outra pessoa, principalmente o propósito da vida de Oprah.

———

Eu sei qual não é o meu propósito. Não é aparecer na televisão nem ser famosa; não é sequer contar histórias importantes (embora eu queira que esse seja o meu propósito no trabalho). Desde menina, sei que sou comunicadora e explanadora. Sempre me vi em pé na frente de uma sala, gesticulando diante de um quadro-negro ou algo parecido, apontando para coisas. No começo, imaginava que esses sinais indicavam que eu seria professora. Quando descobri o telejornalismo na metade do curso na faculdade, ele encaixou em meu sonho na infância. Eu amava contar novidades às pessoas; sentia atração por assuntos complexos: política, casos jurídicos. Gostava do desafio de pegar coisas complicadas e simplificá-las. Amava também... só conversar. Depois que ingressei na faculdade de Direito, aquilo fez sentido também. Imaginei apresentar-me no tribunal, em um debate acalorado, dando voz a quem necessitava de defesa.

Gosto de falar; gosto de escrever. Amo sentir as palavras em meus lábios ou nas pontas dos dedos quando digito (tanto que durante a vida toda quis aprender outra língua — até mais palavras para tê-las à minha disposição!). Escrever, falar, persuadir, ensinar — essa é a minha verdadeira vocação.

Às vezes, porém — muitas vezes para contar —, minha língua torna-se afiada. Rápida, áspera, causticante. Inteligente e engraçada em detrimento de outra pessoa — e o custo final para mim. "Põe, SENHOR, um guarda à minha boca" (Salmos 141:3), diz a Escritura,

273

e ninguém necessita mais dessa oração do que eu. Quando eu era uma adolescente atrevida, minha boca grande deixava meu pai maluco. Ele começou a me chamar de "Última Palavra" porque eu continuava a falar em qualquer discussão ou conflito. Não conseguia... fechar... a boca. Mesmo quando era para me favorecer. Mesmo quando eu estava afundando ainda mais. Mesmo quando o que eu falava não fazia sentido. A última palavra era sempre minha.

Nosso propósito é mais do que as coisas boas que somos capazes de fazer, porque até os nossos dons podem ser usados de maneiras que ficam aquém do amor. Creio que ficamos em sincronia conosco e com Deus quando fazemos o que somos especialmente qualificados a fazer por algo significativo, a serviço de alguma coisa ou de alguém maior do que nós.

$$\frac{\text{Talentos dados por Deus} +}{\text{Serviço a algo maior} =}$$
$$\text{Propósito}$$

Deus me deu mais do que uma boca grande. Ele me deu uma voz. Teceu a minha vida até formar uma surpreendente tapeçaria que nunca imaginei, muito mais do que mereço, muito além do que esperei ou ousei sonhar. Não sou nenhuma missionária. Todos os dias fico inevitavelmente aquém disso. Mas as misericórdias de Deus se renovam cada manhã.

> Que você encontre harmonia entre
> sua alma e sua vida.[54]
> **John O'Donohue, *To Bless the Space Between Us***

Até agora, não tenho certeza se sei qual é o meu propósito. Talvez ele mude no decorrer das estações da vida. Neste momento, enquanto escrevo, aqui está o que eu acho que ele é. Com humildade e apreensão — estou sinceramente apavorada com o que você deve estar pensando! —, vou compartilhá-lo com você.

Resume-se a uma palavra. Aquela palavra, na verdade. Simples, mas não fácil. Curiosamente, é a palavra que digito todos os dias no Wordle [jogo de adivinhação de palavras][55] como meu primeiro palpite:

Compartilhar.

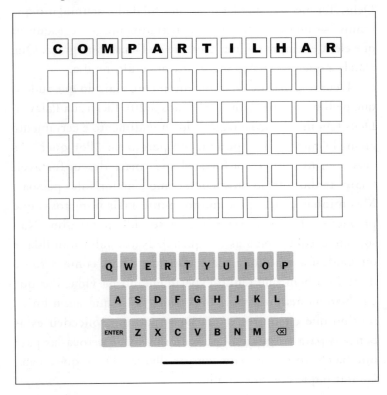

Uma boa palavra para iniciar o Wordle. Em uma só palavra — um chamado dinâmico e multifacetado para ação.

Compartilhar o que nos foi dado é um ato de fé e confiança em Deus. Isso não chega naturalmente a mim. Sou inerentemente medrosa, culpada e preocupada — sempre ansiosa com o que sou, em todo e qualquer momento, a poucos momentos da desgraça, com minha punição, com o final de minha boa sorte, para que eu receba o que certamente mereço. Esses sentimentos não vêm de Deus. Se deixar que infeccionem, eles serão uma afronta e um voto de desconfiança em Deus. Ter medo de perder o que nos foi dado, acumular o que temos — emocionalmente, espiritualmente — é esquecer que ele é, e sempre foi, um presente de Deus. Pura graça. Que aquele a quem pertenço me segure até o último dia.

Deus é "capaz de fazer infinitamente mais do que tudo o que pedimos ou pensamos" (Efésios 3:20). Fiel à sua Palavra, Deus tem me abençoado além do entendimento e certamente além do mérito. Eu, porém, me pergunto: "Por quê?" Às vezes, minha vida confortável me torna desconfortável. Claro, tenho sofrido provações, como a maioria das pessoas. Mas minhas bênçãos são muito, muito mais numerosas que provações. Isso não faz nenhum sentido para mim. Não sou merecedora. Não as conquistei. Não é falsa humildade ou modéstia mal colocada identificar Deus como a fonte de todo o bem que tenho experimentado na vida. Por que eu? Não há nenhum motivo. A única coisa que sei, o único sentido que encontro, é que Deus não me concedeu essas bênçãos para eu guardá-las, acumulá-las ou estocá-las para um dia chuvoso, mas para compartilhá-las. Dar o que recebi. Contar o que me foi contado.

O que Deus mais faz o tempo todo é amar você. Se pudéssemos acreditar nisso, acreditar de verdade, quão diferente seríamos?

___

> O lugar para onde Deus o chama é o lugar onde sua imensa alegria e a imensa fome do mundo se encontram.[56]
>
> **Frederick Buechner,**
> ***Wishful Thinking: A Seeker's ABC***

Estou aqui neste momento para compartilhar minha voz, meu coração. Compartilhar essa verdade, essa única verdade. Uma verdade que necessito ouvir tanto quanto necessito contar. Uma verdade que necessito acreditar tanto quanto necessito compartilhar.

O que Deus mais faz o tempo todo é amar você.

Se pudéssemos acreditar nisso, acreditar de verdade, quão diferente seríamos? Quão diferente a nossa vida seria? Quão diferente o nosso mundo seria?

Uma das líderes de minha igreja, Kate Gungor, entregou um lindo sermão no qual ela falou sobre como uma parte importante daquilo que entendemos de Deus tem relação com admiração e reverência — aquele sentimento de espanto e surpresa reverente quando o encontramos. É o tipo de sentimento que muitas vezes nos domina quando presenciamos e desfrutamos o mundo natural, quando nossos olhos contemplam a beleza: estrelas, oceanos, flores, montanhas, galáxias, alto grau de satisfação, brisas e os dedinhos dos pés dos bebês. Kate leu uma citação de Abraham Joshua Heschel: "A admiração é uma intuição para a dignidade de todas as coisas, uma percepção de que as coisas não são apenas o que são, mas também representam, embora remotamente, algo supremo. A admiração é uma sensação de transcendência, para referência em todos os lugares ao mistério além de todas as coisas".[57]

E depois ela disse: "O paradoxo da fé é o amor de Deus que nos cria para ficarmos maravilhados com Deus, que também está maravilhado conosco. [....] Deus é apaixonado por você".[58]

Aí está ele de novo.

O que Deus mais faz o tempo todo é nos amar.

Que o amor tenha a última palavra.

AGRADECIMENTOS

Acredito realmente na frase que sempre compartilho com os jovens: qualquer coisa interessante que você faça na vida estará fora de sua zona de conforto. Com este livro, fui forçada a seguir meu conselho. Com fé e "cara e coragem", eu não teria tido segurança para embarcar nessa empreitada sem o delicado, porém insistente, cutucão *de longos anos* de minha agente literária, Cait Hoyt, e sem a sabedoria, inspiração e conversas estimulantes e sempre inteligentes de Damon Reiss, que, mesmo depois de aposentado como editor, gentilmente concordou em me ajudar. Minha gratidão e respeito a Stephanie Newton, Rachel Buller, Met Schmidt e à equipe inteira da W Publishing e HarperCollins Christian Publishing. Obrigada a Joel Muddamalle, um teólogo genuíno e verdadeiro que emprestou sua experiência para revisar este manuscrito. E, se você estiver tentando fazer uma tarefa difícil e assustadora, espero que tenha uma pessoa irresistivelmente entusiasmada como Hoda Kobt — e seus pompons gigantes — torcendo por você na beira da pista até a linha de chegada.

De fato, "não há nada novo debaixo do sol" (Eclesiastes 1:9) quando se trata de escrever sobre fé; todas as ideias e observações aqui são um amálgama dos muitos mestres e exemplos espirituais que amo e admiro e que me ensinaram ao longo do caminho — alguns próximos a mim, outros a distância. Só para citar alguns: Charley e Nancy Guthrie, Teri Stauffer, Roger Barrier, Anne Burnson, Tom Copps, Eugene Peterson, Beth Moore, Tim Keller, Mark Batterson, Michael Rudzena, David e Kate Gungor, bispo Ed Gungor, padre Greg Adolf e Shauna Niequist.

Meu marido, Michael Feldman, é o meu confidente mais sábio e o maior encorajador. Este projeto não teria acontecido sem ele. Meus filhos são minha razão de ser *e* de escrever. Espero que eles leiam este livro um dia. É, acima de tudo, o que eu gostaria que eles soubessem a respeito do Deus que os ama tanto.

Por fim, sou grata pelo lar extremamente afetuoso e fiel no qual cresci e pelas pessoas que foram as primeiras a me amar e a me moldar: mãe, pai, irmã e irmão mais velho. E, claro, "o sexto membro" de nossa família, que começou a boa obra em mim e há de completá-la (cf. Filipenses 1:6).

NOTAS

1 A autora joga com as palavras em inglês *foreword* (prefácio) e *forward* (avante). [N.T.]

2 Richard P. Feynman, *Six Easy Pieces: Essentials of Physics Explained by Its Most Brilliant Teacher*, 4. ed. (New York: Hachette: Basic Books, 2011).

3 Sigla de *Saturday Night Live*, programa semanal humorístico exibido na televisão americana há mais de três décadas. [N.T.]

4 *SNL*, "Stuart Smalley— Daily Affirmations", streamed Sept. 16, 2023. *PuckMonkey*, Feb. 22, 2011, vídeo YouTube 0:47, disponível em: youtube.com/watch?v=6ldAQ6Rh5ZI.

5 Dan Burke, *Lectio Divina, A Guide: What It Is & How It Helps Prayer Life*, SpiritualDirection.com, Apr. 21, 2012, disponível em: <https://spiritualdirection.com/2012/04/21/what-is-lectio-divina-and-will-it-

help-my-prayer-life-a-guide-to-lectio-divina>.

6 Elizabeth Stone, *Making the Decision to Have a Child Is Momentous*. Human Coalitions, acesso em: 16 set. 2023, disponível em: <www.humancoalition.org/graphics/making-decision-child-momentous/>.

7 John Piper, "Who Is the Disciple Jesus Loved?", *Desiring God*, episódio 1642, Jun. 21, 2021, disponível em: <www.desiringgod.org/interviews/who-is-the-disciple-jesus-loved>.

8 Oswald Chambers, "Inner Invincibility", *My Utmost for His Highest*, disponível em: <https://utmost.org/inner-invincibility>.

9 Edição em português: *Tudo para Ele* (Curitiba: Publicações Pão Diário, 2015). [N.T.]

10 Susan Braudy, "He's Woody Allen's Not-So-Silent Partner", *New York Times*, sessão 2: Arts and Leisure, Aug. 21, 1977, p. 11.

11 Drew Weisholtz, "Kristin Chenoweth Reflects on Finding 'God's Grace' After Near-Death Accident on TV Set", *Today*, Apr. 7, 2023, disponível em: <www.today.com/popculture/kristin-chenoweth-reflects-on-faith-rcna78645>.

12 Susan Filan para Savannah Guthrie, Mar. 17, 2017.

13 Beth Moore, *All My Knotted-Up Life: A Memoir* (Carol Stream, IL: Tyndale House, 2023), p. 14.

14 Shauna Niequist. *I Guess I Haven't Learned That Yet* (Grand Rapids, MI: Zondervan, 2022).

15 Niequist, *I Guess I Haven't Learned That Yet*, p. 110.

16 Henry van Dyke, "Joyful, Joyful, We Adore Thee", Hymnary.org, 1907, disponível em: <hymnary.org/text/joyful_joyful_we_adore_thee>.

17 Eugene Peterson, *Living the Message: Daily Help for Living the God-Centered Life* (San Francisco: HarperOne, 1996), p. 157-158.

18 Micah Fitzerman-Blue; Noah Harpster, *A Beautiful*

Day in the Neighborhood, Script Savant, disponível em: <https://thescriptsavant.com/movies/A_Beautiful_Day_In_The_Neighborhood.pdf>.

19 Formação rochosa localizada no Yosemite National Park, nas montanhas de Serra Nevada, Califórnia, EUA. [N.T.]

20 "Larry King Show—Joni Eareckson Tada Story", brunetachka, Jun. 6, 2009, disponível em: <www.youtube.com/watch?v=Foffh-gneRs>.

21 "Larry King Show—Joni Eareckson Tada Story."

22 Rick Warren, *The Purpose Driven Life* (Grand Rapids: MI: Zondervan, 2002), p. 314. Edição em português: *Uma vida com propósitos* (São Paulo: Vida, 2013.) [N.T.]

23 Tradução livre do hino "Turn Your Eyes upon Jesus", de autoria de Helen Lemmel. [N.T.]

24 Esporte descrito como uma mistura de tênis e pingue-pongue, jogado individualmente ou em duplas. [N.T.]

25 Bruce Wilkinson, *The Prayer of Jabez: Breaking Through to the Blessed Life* (Sisters, OR: Multnomah, 2000), p. 23. Edição em português: *A oração de Jabez: uma pequena oração, uma resposta transformadora* (São Paulo: Mundo Cristão, 2019.) [N.T.]

26 *The Merchant of Venice*, ed. David Bevington et al. (New York: Bantam Books, 2005), 4.1.182-4. Edição em português: *O mercador de Veneza* (São Paulo: Martin Claret, 2013.) [N.T.]

27 Personagem fictício do universo de *Star Wars* extremamente sábio e habilidoso. [N.T.]

28 Thomas O. Chisholm, "Great Is Thy Faithfulness", Hymnary.org, 1923, disponível em: <https://hymnary.org/text/great_is_thy_faithfulness_o_god_my_fathe>. ["Tu és fiel, Senhor", *Harpa cristã*, n° 535.]

29 Chisholm, "Great Is Thy Faithfulness".

30 Em inglês, "convict", que, além de significar "convencer", significa também "condenar", "julgar culpado". [N.T.]

31 Sarah Bessey, "Why I Gave Up Drinking", *Relevant*, Aug. 1, 2022, disponível em: <https://relevantmagazine.com/life5/why-i-gave-up-alcohol/>.

32 Idem, ibidem.

33 Idem, ibidem.

34 *The Mission*, dirigido por Roland Joffé (Los Angeles: Columbia Pictures, 1986), DVD.

35 Idem.

36 N. T. Wright, *Evil and the Justice of God* (Westmont, IL: InterVarsity Press, 2013), p. 164-165. Edição em português: *O mal e a justiça de Deus* (Viçosa: Ultimato, 2009.) [N.T.]

37 "Reason is on our side, love", de "Miracle Drug", faixa 2 em U2, How to Desmantle an Atomic Bomb, Island Records, 2004, disponível em: <www.u2.com/lyrics/85>.

38 N. T. Wright, *Evil and the Justice of God*, p. 164-165.

39 Em inglês, "Tissues and Issues". [N.T.]

40 Tiroteio na escola primária de Sandy Hook, em Connecticut, EUA, ocorrido em dezembro de 2012, que matou 20 crianças e 6 adultos. [N.T.]

41 Scott Pelley, "Return to Newtown, 4 Years Later", *60 Minutes*, Aug. 6, 2017, disponível em: <www.cbsnews.com/news/return-to-newton-ct-sandy-hook-school-shooting-4-years-later-2/>.

42 Peter Wehner, "My Friend, Tim Keller", *Atlantic*, May 21, 2023, disponível em: <www.theatlantic.com/ideas/archive/2023/05/tim-keller/674128/>.

43 Peter Wehner, "My Friend, Tim Keller", *Atlantic*, May 21, 2023, disponível em: <www.theatlantic.com/ideas/archive/2023/05/tim-keller/674128/>.

44 Matt Smethurst, "50 Quotes from Tim Keller (1950-2023)", Gospel

Coalition, May 19, 2023, disponível em: <www.thegospelcoalition.org/article/50-quotes-tim-keller/>.

45 Michael Gryboski, "Tim Keller's Son Says His Dad Is Being Moved to Hospice at Home, Says He's 'Ready to See Jesus'", *Christian Post*, May 18, 2023, disponível em: <www.christianpost.com/news/tim-kellers-son-says-his-dad-is-being-moved-to-hospice-at-home.html>.

46 Idem, ibidem.

47 "You Give Love a Bad Name", faixa 2 em Bon Jovi, Slippery When Wet, Universal: Mercury, 1986.

48 Glenn Stanton, "FactChecker: Misquoting Francis of Assisi", Gospel Coalition, Jul. 10, 2012, disponível em: <www.thegospelcoalition.org/article/factchecker-misquoting-francis-of-assisi/>.

49 Personalidade caracterizada por traços de competitividade, motivação, ambição e urgência. [N.T.]

50 Famosa jornalista americana, coapresentadora do programa *Good Morning America*, levado ao ar pela rede de televisão ABC, nos Estados Unidos, entre 1980 e 1997. [N.T.]

51 Oswald Chambers, "Getting There", *My Utmost for His Highest*, acesso em: Sept. 16, 2023, disponível em: <https://utmost.org/getting-there-3/>.

52 Três nomes importantes na história dos Estados Unidos com destaque nas áreas literária, artística e política. [N.T.]

53 Oprah Winfrey, Oprah's Master Class, OWN TV, (c) Harpo, Inc., disponível em: <www.oprah.com/app/master-class.html>.

54 John O'Donohue, *To Bless the Space Between Us: A Book of Blessings* (New York: Doubleday, 2008), p. 44.

55 Wordle, *New York Times*, disponível em: <www.nytimes.com/games/wordle/>.

56 Frederick Buechner, *Wishful Thinking: A Seeker's ABC*

(San Francisco: HarperOne, 1993), p. 118-119.

57 Abraham Joshua Heschel, *I Asked for Wonder: A Spiritual Anthology*, ed. Samuel H. Dresner (Chestnut Ridge, NY: Crossroad Publishing, 1983), p. 3.

58 Kate Gungor, "Good Shepherd New York - 6.11.23", Good Shepherd Church, Jun. 11, 2023, YouTube vídeo, 39:53, disponível em: <www.youtube.com/watch?v=a66Ugx2U-XQ>.

SOBRE A AUTORA

Savannah Guthrie é coâncora do programa *TODAY* da NBC News, correspondente jurídica chefe da NBC News e âncora principal da cobertura eleitoral e de eventos especiais da rede. Foi correspondente da Casa Branca e mediadora de debates e reuniões públicas e dirigiu várias entrevistas exclusivas que se tornaram manchetes, desde presidentes e primeiros-ministros até alguns personagens conhecidos no mundo inteiro. Ganhadora dos prêmios Emmy, Murros e Peabody, Savannah foi indicada ao *Hall* da Fama da Transmissão e da TV a Cabo em 2022. É formada pela Universidade do Arizona e pela Faculdade de Direito da Universidade de Georgetown e autora *best-seller* do *New York Times* da série de livros infantis *Princesses Wear Pants* [edição em português: *Princesas usam calças* (Cotia: VR Editora, 2019)]. É produtora executiva do programa *Princess Power*, da Netflix, baseado nos livros.

Savannah é casada com o consultor de comunicações Michael Feldman desde 2014, e o casal tem uma filha, Vale, e um filho, Charley. Ela é embaixadora do Best Buddies, que cuida de pessoas com deficiências intelectuais e também embaixadora da campanha Elizabeth Dole Foundations's Hidden Heros para cuidadores militares. Nas horas vagas, gosta de jogar tênis, *pickleball*, de tocar piano e violão, bem como controlar seu déficit contínuo de sono. Savannah frequenta a Good Shepherd Church, em Manhattan.